樱雪丸高清
日本史 10

明治时代
甲午之路

樱雪丸 著

重庆出版集团　重庆出版社

图书在版编目（CIP）数据

明治时代. 甲午之路 / 樱雪丸著. -- 重庆：重庆出版社, 2022.1
（樱雪丸高清日本史；10）
ISBN 978-7-229-15852-1

Ⅰ.①明… Ⅱ.①樱… Ⅲ.①日本—近代史—明治时代—通俗读物 Ⅳ.①K313.410.9

中国版本图书馆CIP数据核字（2021）第106870号

明治时代：甲午之路
MINGZHI SHIDAI: JIAWU ZHI LU
樱雪丸　著

策划编辑：李　子　李　梅
责任编辑：李　子　李　梅
责任校对：刘小燕
装帧设计：九一设计

重庆出版集团　出版
重庆出版社

重庆市南岸区南滨路162号1幢　邮政编码：400061　http://www.cqph.com
重庆升光电力印务有限公司印刷
重庆出版集团图书发行有限公司发行
E-MAIL:fxchu@cqph.com　邮购电话：023-61520646
全国新华书店经销

开本：890 mm×1240 mm　1/32　印张：7　字数：220千
2022年1月第1版　2022年1月第1次印刷
ISBN 978-7-229-15852-1
定价：49.80元

如有印装质量问题，请向本集团图书发行有限公司调换：023-61520678

版权所有　侵权必究

目 录
CONTENTS

第一章
长崎事件
001

第二章
日本特色的君主立宪
017

第三章
东乡平八郎
044

第四章
吉野号
054

第五章
半岛风云再起
071

第六章
开战前夜
083

第七章
开战！高升号
101

第八章
平壤之战
119

第九章
决战黄海
130

第十章
国殇
147

第十一章
约和马关
167

第十二章
胜与败
183

第十三章
学医也救不了日本人
193

第一章 长崎事件

一万年来谁著史，三千里外欲封侯。

让李鸿章后来引以为豪的，并非是曾拜在曾国藩曾文正公的门下，亦非组建了打遍长毛罕逢敌的淮军，而是创立了一支舰队，一支真正的近代化舰队——从军舰上的电灯泡到士兵穿在脚上的一双鞋子都无不透露着近代化气息的舰队。

那就是享誉全球的北洋水师——据好事者云，该舰队在当时世界上的排名虽说不知是第六还是第八，但在亚洲，却是铁板钉钉的龙头老大。虽然当时的亚洲基本上没几个像样的国家。而能够入他李鸿章李大人法眼的，更是只有东面的那个邻居——日本。

要说起这位邻居，那可是话长了去了，简单而言，若论关系，大家其实还算是同文同种的亲戚，可关键是哥们儿似乎不怎么爱干那血浓于水的事儿。两家相交两千余年，虽然好过也亲过，但同样吵过也打过。尽管双方都知道两虎相争的道理也确实两败俱伤过，可真到了该出手的时候，照样是不计后果挥舞着小板凳大板砖地就往对方头上招呼。

当然，招呼之前总也得吆喝两声，民间俗称叫板，这样显得厚道些。

明治十九年（1886年）八月一日，李鸿章的吆喝来了。

这天,还没完全成形,尚未被冠以"北洋水师"四字称号的清朝海军派出定远、镇远、济远以及威远四艘军舰组成了一支舰队造访了日本的长崎。

老话说无事不登三宝殿,更何况谁家也没有用不完的能源,四艘军舰之所以不远千里跑长崎来,主要有两个目的:

其一,前面说了,是来吆喝的,吆喝的原因在于朝鲜。

当时朝鲜的局势非常紧张,至于具体怎么个紧张法我们放在后面说,总之作为朝鲜的宗主国,大清王朝认为自己很有必要来亲自警告一下正在把手越伸越长的日本。

其二,是来长崎修船的。

这事儿说起来就比较没面子了。当时的大清王朝虽然是拼了命地找各国去买军舰,但却没有怎么修建造船厂,倒不是说没有,它也有过,早在同治五年(1866年),大清就有了由左宗棠创办的福建船政局,也确实能造船,只不过后来在光绪十年(1884年)的中法战争中,被法国人基本打成了废墟,差不多完全丧失了生产能力;而且对于李鸿章来讲,大清有没有造船厂意义其实并不大,因为急功近利的他宁可一掷千金去追求船坚炮利,却并没有耐心花上大量的时间来培养真正的海军人才,所以放眼整个大清,能开轮船的有,但能修轮船的几乎没有。

也就是说,所谓的北洋水师其实就是个一次性用品,别说上了战场被人打烂打残,哪怕是平常磕一碰了,都没人给你修。退一万步说,即便是"年检",那都没地儿找去。

反观日本,虽然造不出什么像样的军舰也买不起什么特别好的船,但他们能修,因为他们有不少造船厂,比如建造于1871年(明治四年)的横须贺造船厂,再比如这次给清国水师做检修的长崎三菱造船所,这些地方尽管不能造什么牛逼的好船,但搞搞例行维修还是绝对没问题的。

为什么偌大的一个清王朝没什么船厂日本却有不少，这主要得归功于一个人，那人的名字叫小栗忠顺。

剧透到此结束，更详细的事情我们仍是以后再说，这里把刚刚的话题给继续下去。

话说对于清国舰队的来访，日本方面还是比较重视的，先是组织人手在岸上搞了个热烈的迎接仪式，接着又表示，酒菜也已经准备好了，请大家赶紧趁热赴宴吧。当然，能上饭桌的仅限于当官的，至于底下的大头兵们，就自由活动吧。

于是，水兵们走出了兵舰，展开了自己的长崎一日游。

不过这对于他们来说是一件比较痛苦的事情，毕竟身在异国，语言不通又不认识路，一大帮子人跟个没头苍蝇一般到处窜来窜去，算是给日本的道路养护部门免费轧马路了。

百无聊赖之际，有个人提议说，听说日本的女人不错，不如我们去青楼找乐子吧？

一群人立马兴奋了起来，纷纷举手赞同，在全票通过之后，大家开始四处找起红灯区。尽管语言不通，但根据在国内丰富的经验以及练就出的在这方面的敏锐判断力，还真的让这帮人给找到了游廊，也就是日本的妓院，于是，兴高采烈的清国士兵们吆三喝四，前呼后拥地迈开步子踏了进去。

然后就发生悲剧了。

由于不懂规矩外加态度极为嚣张，尽显兵痞本色，所以即便是见钱眼开的日本游廊也对这群远道而来的客人下达了逐客令。而这些一个个在刘公岛上横惯了的兵油子哪能忍受这种待遇？当场便闹了开来，动手砸起了店。眼看着这破坏神降临日本，店老板也不敢跟这帮人讲理，当然也讲不通理，所以只能把警察给找来了。

要说到底是天朝兵勇，虽然跟欧美列强那里只有低头哈腰的份儿，但对日本的警察这帮水兵还真有勇气，手里拿着游廊的各式锅碗瓢盆照着对方的脸就招呼了上去。一阵拳打脚踢家什乱舞之后，清朝水兵和日本警察分别受伤一人。双方一看打得差不多了，也就架着伤员各回各家了。

一起访日的清朝水师提督丁汝昌当天晚上将这些嫖娼不成反砸人店的玩意儿都叫到了一块儿，然后一顿痛骂，并严令他们从此以后如果上街，一律不许佩带兵器，也尽量避免去人多的地方。

倒不是说怕日本人，而是丁汝昌生性忠厚，不是一个爱惹事的主儿。他是安徽人，乃系淮军将领，属于自己老将军李鸿章一手给带出来的亲信，所以对待外国人也多少受点李鸿章的影响，就是我不怕你，我也不欺你。

反倒是日本人，在打完架之后开始了担惊受怕，毕竟海上停着四艘清国军舰，特别是定远和镇远两艘，两者为同一系列产品，排水量皆为7335吨，属于当时远东最大的铁甲战舰。当然日本曾经也有过那么几艘铁甲舰，不过跟定远、镇远两艘比起来，那就是老鼠跟大象的对比，最可怕的是，这两艘军舰上都安装了口径12英寸（305mm）的巨炮总共8门，这种大炮别说当时的日本没人见过，就算是听，都没人听说过。两艘军舰停在长崎港口，随便一艘上的一门炮那么放个几响，估计半个长崎就没了。所以尽管是清国闹事在先，但日本人也不敢乱动，最好就等这事儿这么渐渐地淡化，然后不了了之。

然而，这种事情往往是你越不想跟它混一块儿可它就偏偏要黏上你。

当年当月的15日，是清国海军的放假日，大家纷纷上岸逛街，打算弄点土特产带回家去。不过毕竟是在外国，为了防止迷路之类的事情发生，所以水兵们采取了几十个人一扎堆的集体行动方式，从早上8点就开始轧起了马路。

大概在中午时分，一队约莫六十多人的水兵旅游团路过了一家日本派出所，好戏就这么拉开了帷幕。

根据不久之前拍摄的一部叫《甲午风云》还是甲午什么玩意儿的片子所记叙，当这些清国水兵正走在路上的时候，突然就冒出来几个警察，说是要查证件，然后水兵很奇怪，说你好端端的干吗要查我，警察说，因为你是中国人，然后水兵在日本跟日本警察展开了武斗，场面相当激烈刺激，也很振奋人心。

不过从历史的角度或者是正常人类思维的逻辑角度来看的话，那只能给这部片子的这个片段两个字的评价：扯淡。

估计这导演是看多了类似于《含泪活着》或者是成龙拍的《新宿事件》等类似影视剧，要么就是看惯了那种"你的，良民证的有？""嗨！太君，良民证的这里"之类的场面，然后非常想当然地认为日本警察有喜欢查人证件的好习惯。事实上虽说在今天，日本警察的确喜欢没事问候一下走在路上看起来比较像中国人或者韩国人的外宾，但也就是今天而已，在100多年前，人家根本就没这毛病。其次，就算是有这习惯他也不敢查，因为跟清国水兵过不去那就等于是跟门外的镇远、定远过不去，跟镇远、定远过不去，那就纯粹是自己跟自己过不去了，犯不着吧！再次，事实上当时的日本在国际上的地位尽管跟清国差不多，都属于那种比原始土人要好一点，但还是被西方列强随便捏着玩的类型，但国力方面却要比自己多年来的老师傅差很多，不管是比钱，比人口，比GDP还是比军备。所以早在游廊出事儿的那天，明治政府方面就严令长崎警察，只许严防死守，不准主动挑衅。

他们不挑衅的结果就是被挑衅。

当这些清国水兵走到派出所门口时,突然其中的一人离开了队伍,迅速走到墙根,然后解开了自己的裤子。

也不知道这哥们儿是真尿急了还是故意的,总之他在警察面前乍泄了春光,然后遭到了日本警察的阻止——再怎么忍让克制,在自己头上拉屎拉尿总是不允许的。

早就看日本警察不爽的清兵自然不肯善罢甘休,于是一拨人开始跟警察吵架,一拨人去叫援兵。不一会儿,在附近闲逛游荡的所有清国水兵都被叫了过来,总数量高达四百五十人,然后这伙丘八开始向警察发难,一边用手指直接指着对方的鼻子破口大骂,一边开始动手动脚起来。

在日本,用手指指着别人是相当不礼貌的事情,一般只有指犯人的时候才会用手指,所以现在水兵这么指着警察,等于就是侮辱了;而还有一些人则直接就把几个警察的帽子给拽了下来,或者用手里装着东西的购物袋开始拍打对方。

尽管受着莫大的羞辱,但日本警察依然保持了相当程度的克制,因为他们人太少,一个派出所区区十几个人,真打起来很可能五分钟就解决战斗了——被解决,再加上一想到门外定远、镇远两艘巨舰,大家也只有忍耐忍耐再忍耐了。

不过,这世界上既然存在着能忍的一类人,也自然存在着不能忍的一群家伙。

就在两拨人闹得正欢的时候,突然斜刺里噌噌噌地蹿出来几名彪形大汉,也不二话,抡起拳头对着其中的几名水兵就是五六拳,把他们当场就给打趴在了地下。

半路来了程咬金,这下双方都愣住了。这几个汉子,清国人不认得,日本警察却认得,他们都是经常在警察局门口招揽生意的黄包车夫,各个虎背熊腰,能抓小偷,能揍强盗。

再说清国水兵，尽管事出突然，把他们震住了那么几秒，但很快大伙就反应了过来，知道这下不能再打嘴炮了，该上真家伙了。只听得一声呐喊，众人齐刷刷地扑向了那几个横出头的黄包车夫——先弱后强，还算比较有战术。

而警察一看居然有人敢伤我同胞，也都忍无可忍了。他们不顾人数上的绝对劣势，同时也把两艘巨舰的事儿给忘在了脑后，拔出了腰间的刀就朝清国人身上砍去。

于是一场大战就这么爆发了。

水兵们尽管人多势众，但无奈丁汝昌将令在先，说是上岸观光一律不准带武器，违者军法处置，所以他们个个赤手空拳，完全就是活靶子。在一阵乱砍乱杀之后，大家受不了光挨砍没法还手这样的悲剧，开始逃窜了起来。

这一逃不要紧，活脱脱地就成了过街的老鼠。几乎全长崎的市民都被动员了起来，大家搞起了一场声势浩大的人民战争：有的爬上屋顶，揭起自家的瓦片就朝水兵们的头上砸去；有的从家里挖出祖传的宝刀，挥舞着向水兵们的头上砍去；还有的当场吩咐老婆烧起了洗澡水，当然他并不洗澡，而是把这一盆盆刚出锅的滚烫滚烫的开水向着水兵们的头上浇去。

更有甚者，苦于手里没合适的家伙，干脆随手拎起一个夜壶，站在狭窄的巷子里，摆出一副一夫当关万夫莫开的架势，静候落单逃窜至此的清国水兵，来一个砸一个再泼上一身屎尿。

而长崎各地的警察也在此时都汇集了过来，战斗人数瞬间突破一百大关，大家奋力向着清国水兵发起了最后的总攻。

不幸陷入了这人民战争的汪洋大海之中的清国水兵最终被打死了5人，打伤44人，还失踪了5个。这事儿我到现在都觉得奇怪，繁华如长崎这样的地方，居然还会有人失踪？估计是被打晕了然后直接丢开水锅里给煮了吧。

消息很快就传回了中国，朝野震惊一片。大家都明白，大清王朝又丢人了。

本来嘛，身为近代海军军人，上岸组团嫖娼就已经够不光彩的了，结果你嫖娼没嫖成之后还在人家派出所门口随地大小便，还跟人动手打架，这简直就是无视党纪国法军规戒律，太没素质了。

最最关键的是，打架居然还没打赢。

你说你要是战场上打不过别人那也就罢了，胜败乃兵家常事，可这一回你是被人老百姓拿着尿壶给抢死了五六个，丢不丢人哪，还亚洲第一呢，就没见过这样的。

无论是从道德素质的角度出发还是从事情的实际结果来看，这一回的清国水师都是一个现了大眼的存在，用李鸿章的话来讲，叫"争杀肇自妓楼，约束之疏，万无可辞"。

不过，这话是这么说，但事情不能就这么算了，毕竟关乎面子问题。

所以在问及如何处理此事的时候，李大人摆出了一副出离震怒的面容，表示欧美列强也就罢了，现在小小的日本居然也敢太岁头上动土，殴打自己的子弟兵，是不是不想混了？

就这样，自打鸦片战争以来，大清帝国终于雄起了那么为数不多的一回，李鸿章亲自致电明治政府：要求严惩打人凶手，并且赔偿损失，如若不然，兵戎相见。

日本政府连忙喊冤，说这打架是双方的事儿，我们还死了人呢，凭什么要赔钱给你们？

这是实话，俗话说互相打架两败俱伤，日本方面自然也不可能毫发无伤，他们的警察死了2个，伤了20个，此外还有好些不明真相就乱加入其中丢砖头倒开水的围观群众也受了伤。

对此，李鸿章明确表示，多说无益，赶紧赔钱。

当时日本的外务大臣叫井上馨，这哥们儿对李鸿章说，我们谈谈吧。李鸿章说好，谈就谈吧。

于是，他派出了北洋的外交顾问，后来被誉为近代中国外交之父的伍廷芳先生。双方就长崎街头斗殴一事展开了激烈的讨论，伍廷芳口口声声罪在日本，并且三句话不离镇远、定远，意思很明确：你是要出钱呢，还是要出血。

井上馨被弄得只有招架之力，非常弱势地表示，这事情纯属误会，还请伍先生火气不要那么大。

对于他的说辞，伍廷芳是非常不屑的。他表示既然是误会那也无妨，不过钱总是要赔的，可以看在误会的分上，给你打个折，减掉几万，如何？

井上馨则坚持认为，打折降价都好商量，但既然是误会，那你们也该赔给我们钱吧？

伍廷芳说我累了，先回宾馆睡觉去了，改日等有空了再说吧。

井上馨说明天我就有空。

伍廷芳说是等我有空。

这话说得倒是硬气，但实际上倒也并非是这么一回事儿。

大清的镇远和定远此时就在长崎外，这是事实；镇远和定远很厉害，这也是事实；尽管两艘船缺弹少药，可并非是弹尽粮绝，真要打，还是能射出那么几发来的，这依然是事实。

基于上述事实，水师总教习英国人琅威理曾亲拍电报，建议李鸿章下令开战，直接拿大炮轰他娘的长崎，但却被拒绝了。

同时拒绝这个建议的还有丁汝昌。

这个行为被后世的好些人认为是懦弱保守，胆小怕事，其实不然。

长崎是当时亚洲著名的港口，也是九州的经济中心，这个众所周知，但除此之外，那地方更是一座要塞，外围有工事也有炮台，颇具战斗力。

所以李鸿章和丁汝昌认为，尽管自己手握大炮巨舰，可要是贸然地跟一座要塞对轰，并非明智之举。这显然是一种经过深思熟虑之后所作出的正确决定。不过，不打算动手并不代表不打算以动手为名相要挟。

就在伍廷芳跟井上馨扯淡的那会儿，当月的20号，李鸿章在天津紧急召见了日本驻清公使波多野章五郎。

李二先生当年已经六十有八了，不过身体依然相当健康，气血旺盛，尽管波多野章五郎坐着离他有好一段距离，却依然可以感受到对方浑身上下的怒火。

"公使阁下，你知道最近发生的一些事情么？"

波多野公使当然知道李鸿章说的是哪些事情，但他还是装了一回傻，假惺惺地问道是啥事，莫非天津的菜价又涨了？

"我说的是日本，不是大清！"李鸿章怒称。

波多野依然保持着很无辜的脸色："目前尚未有电报送来。"

见对方装傻水平居然已经到了这般炉火纯青的地步，李鸿章也就不再绕弯弯了："最近，我刚收到过一份电报，说你们长崎的警察跟我大清的水兵发生了打群架事件，双方互有伤亡。"

"那么，电报上有没有说群架的原因和伤亡的具体人数呢？"

李鸿章强压怒火，摆出了一副相当耐心的表情进行了讲解："原因并未详细说明，但大致是因为水兵上陆购物引起的，这个不会错。伤亡人数的话我们这边死了5个，受伤几十个，你们那边我就不知道了。但有一点，贵国警察如此暴乱，公然在大街上旁若无人地行凶，着实让我感到震惊，长崎县警是归长崎县管的吧？"

波多野说没错，长崎县警察的确归长崎县管，不归鹿儿岛县管。

李鸿章："对于此事，长崎县政府必须要负起责任来。"

波多野表示这个好说，还有一件事儿得问问清楚："贵国水兵上岸的时候，有携带武器吗？据我所知，海军的话即便不带刀枪，随身也会带着一些用来割绳子之类的小刀，这种东西一般是不离身的。"

这话不说倒还罢了，刚一说出口，李鸿章就勃然大怒："这次上岸，水军提督丁汝昌就是考虑到两国交好，连你说的那种小刀子都让他们给卸下来了，可你们的警察，却扬起长刀砍我国手无寸铁的士兵，这真是让人觉得太过分了！"

李鸿章越说越气，波多野想插话都没机会，老爷子一边拿拐杖敲击着地板一边又接着说道："你们国家长崎的警察跟我们国家到底有什么深仇大恨，非要用刀用枪赶尽杀绝？我记得几年前，也是在长崎吧，也是警察吧？砍杀了我国侨民一人，我说你们到底打算怎样？今天我干脆就把话给挑明了吧，就在昨天，我大清舰队的英国总教官琅威理发电报跟我说，水师已经整装待发，随时可以跟你们日本开战；而我念在两国交往千年之久，所以给否决了，公使先生，你看如何？是不是要跟你们真刀真枪地干一场，你们日本才肯善罢甘休啊？"

李鸿章说的三四年前警察砍华侨一事儿，还真有，那是发生在1883年（明治十六年）的时候，一个在长崎的中国哥们儿因为吸食鸦片还拿出去贩卖，结果被日本的警察给追捕。在此过程中双方引发了抓捕和拒捕事件，然后那位中国人非常不幸地被警察给一刀送上了路。事后清政府虽说因为自知理亏所以也没怎么深究，但总觉得心里硌硬得慌：你抓就抓了，他拒捕你用棍子打一顿那不还是能抓么？没必要活活砍死吧？

波多野一看对方真怒了,心说不好,连忙一边劝一边扯开了话题:"贵国的军舰是从朝鲜元山来的吧?"

"不错,总共四艘军舰,从朝鲜来长崎修理的。"李鸿章说道,"不过从今往后,我大清的军舰一律去香港或者上海修缮,绝对不会再麻烦贵国了。"

波多野连忙表示您别介,以后要修船了还是来我们这里,价钱好商量,生意大家做,有财大家发。一阵赔笑之后,他继续转移起了话题:"听说贵国海军名将丁汝昌将军也去了长崎吧?"

李鸿章说废话,丁汝昌不去谁带队啊?然后一想不对,心说不能让这家伙再这么胡搅蛮缠满世界转移话题了,于是把脸一板,沉下声道:"公使阁下,我到现在都没想明白,贵国的警察凭什么就要拿刀砍我大清水兵?这中间到底有什么深仇大恨?现在是清日两国最需要友好相处的时候,你们却做出这种事情来,难道就从来不考虑后果么?"

波多野一看装傻充愣这招在李鸿章这里似乎不太好使,于是也就干脆不玩这套了,正色道:"我国的警察虽说不是什么神佛,但也绝对不会随意施暴伤人,更何况现在日本已经立宪,全国实行法治,警察也有警察法来约束,如果他们敢乱来的话,法律根本就不会放过他们。而我想,这世界上是没有人会故意跟法律过不去吧!"

李鸿章一笑:"你的意思是说,我大清水兵动手在先,你日本警察防卫在后?你也知道你们的警察不会跟法律过不去,可我们的士兵难不成会赤手空拳地跟拿刀子的过不去?是你傻呢,还是你觉得别人都傻?再说了,如果是我们这边先动的手,难道你们长崎县的县衙会一点动静都没有吗?可事实证明,他们确实一点动静都没有,这点你怎么说?"

波多野一时还真不知道该怎么说,只得把皮球给踢了回去:"李大人的意思是……"

李鸿章干脆就挑明了:"这件事情就是你们长崎的警察对我大清长期的仇视所造成,你就不要找别的借口了。"

波多野一听这话自然矢口否认,当即表示日清两国友谊源远流长,更何况长崎警察跟清国水兵往日无怨近日无仇,大家素不往来,八竿子都打不到一块儿去,怎么可能仇视对方而且还是长期的,你要说临时性仇视那还能理解。在话的最后,波多野公使还补充表示,我们日本人又不是美国人,跟你们大清不争房子不争地,也不抢饭碗,根本就没有仇恨的理由啊。

波多野之所以把美国人给拉出来说事儿,那也是有原因的。当时美国正在闹排华,因为他们刚刚废除了奴隶制度,使得全国劳动力的价钱都普遍上涨,可唯独华工不但不怕吃苦而且还不要高工资,所以备受各界资本家等用工单位的青睐,再加上中国人又老实本分,美国工人闹罢工他们不闹,美国工人要涨工资他们觉得这样就好,如此一来,那么就等于是中国工人抢了美国工人的饭碗,而且双方还结下了梁子——只要有中国人在,罢工铁定闹不成,因为工厂长不怕你黑人白人不干活,反正有的是中国工人肯干。

没有先进阶级的领导,导致了众美国劳动人民的思想觉悟比较低。他们错误地认为,造成自己收入低廉、被抢饭碗,还无法罢工的直接原因是那些成千上万漂洋过海移民来的辫子男,却并没有认识到这种迫害工人阶级的真正罪魁祸首是万恶的资本主义制度以及吸人血的资本家。

结果就是在1885年(明治十八年)的时候出事儿了。当时怀俄明州的石泉矿区在白人矿工的发动下举行大罢工,然后华人劳工表示不参加,双方发生了冲突。在类似于工会组织性质的团体劳工骑士团的带领下，众白人矿工抄起家伙，捣毁矿区内华工住宅村，并杀死28名中国人，然后立场坚定地表示：在不开除所有华工之前，免谈复工。

消息传到大清，李鸿章跟慈禧都很窝火，但也没辙：首先，移出去的人民泼出去的水；其次，对方是美国。所以这口气也就只能憋在心里，一直没敢吭声，现在波多野章五郎不知好歹旧事重提，等于是戳了李鸿章心窝子一记，所以他火大了："什么美国？美国是什么？那能跟现在的事情相提并论吗？美国人跟我们那是老百姓与老百姓的冲突，你们日本人那是军人和军人的打斗！能一样吗？"

当时清朝还没有引进警察制度，所以李鸿章一直觉得警就是军，军即是警，都是国家武装力量的一部分，所以便将其归为一类给说了出来。这句话分量很重，仔细想一下就会明白，在怎样的情况下，才会发生军人和军人的打斗？没错，在战争时期。换句话讲，李鸿章的潜台词其实就是一句反问：你们日本的军人打我们大清的军人，是打算宣战吧？

波多野虽说爱装傻，但绝非真傻，他马上就知道对方的意思了，但也不方便明确回答是开战还是不开战，只能抓李鸿章的语病："警察跟军人绝非一样东西，一个是保家卫国的，一个是维护地方治安的，所以不能混为一谈。"

李鸿章显然已经是很不耐烦了，表示这警察也好军人也好怎么都好，反正，这事儿绝对不能让你们这么就此不了了之。我已经先派伍廷芳等作为专使找你们的外务省去了，驻日各公使参赞也会去活动，不管怎样，你们日本方面也得给我高度重视起来。

波多野章五郎连忙表示一定一定，伍专使如果真去日本了，外务省一定会好好款待请他吃国宴的，您老就一百个放心吧。

于是会见到此结束，李鸿章很生气，后果很严重。而伍廷芳去日本的情况在之前我们也已经说了，这里就不再重复。

事已至此，井上馨知道这事儿不好办了，多年来一直慈眉善目的老师傅今天终于发火了，铁了心地要跟自己玩一场硬的了，面对北洋的军舰大炮，日本的那几艘战争时代打炮、和平年代打鱼的破船自然硬气不起来，要想解决此事，唯一的办法就是寻求外援。

于是，他一边好言安抚伍廷芳，说这事儿好商量，别着急，一边请来了英国和德国介入调停。经过周而复始的来回磋商，大家终于在第二年，也就是明治二十年（1887年）的二月敲定了协议：双方认可此事为因语言不通而引起的误会，对各自做出的不理智行为承担相应的责任。

所谓的责任，其实就是钱，用金钱来表示你所需承担的责任。

根据双方协定，既然是误会，而且又是群殴，所以就不再找相关责任人了，反正也找不到，但对于赔偿一事，却是非常有必要说说清楚的。好在对于双方伤亡者的抚恤，大家也有了一个基本的共识：军官、警官的恤金每人6000日元，水兵、警察恤金每人4500日元。水兵因伤残废者每人2500日元，至于见义勇为的那几个日本老百姓，不管死活自然是没得赔的。这样算来的话，日本方面需要承担52500日元的赔款，而清朝因为杀的人少，被杀的多，所以只要付15500日元就行了。

明治时代的日元很值钱，和今天相比基本上在1比1万左右，也就是当年的1日元等于现在的1万日元，52500日元的话，大致折合人民币约4000来万，算是巨额了。

很多人都把这次交涉的成功认为是清朝自鸦片战争以来头一回的外交大胜利，这根本就是扯淡。

要论单价，日本普通警察的身价几乎是清国水兵的两倍，我们之所以得得多那纯粹是我们死得多。如果这也算是胜利的话,那我实在不知道失败是个什么样子了。

此外,长崎事件再度让日本朝野对大清感到了两万分的不爽,同时他们也清楚地认识到,北洋水师的存在是一个巨大的威胁,必须要予以解决。

战火,就快要被点燃了。

第二章 日本特色的君主立宪

长崎事件之后，无论是明治政府内部还是日本全国，都开始流行起了一股清国威胁论。大家都觉得大清搞那么强大的水师，肯定是为了扩张，而这扩张的目标，绝对是日本。

这种危机感确实可以促人奋进，所以在一次政府高层会议上，日本初代首相伊藤博文提出要增加海军预算，而且是大幅度地增加。

这是一个很睿智的想法，但并不实际，因为没钱。

在此之前，明治政府曾经投了5952万日元，搞过一个八年扩军计划，其中，有4200万是专门投入到军舰方面的。凭良心讲以当时日本的身家，能丢那么多钱进去搞军舰，已经算是豁出本的买卖了，但伊藤博文仍然觉得不够。其实的确不够，如果算上平日里的维护费用跟军舰士兵日常所需，这点钱最多只够装备十来条普通军舰，完全不足以跟北洋水师相提并论。

话虽是这么说，但现状摆在那儿，不够也就只能是不够了，想再多要钱，管经济的大藏省是不会再给一分了。

于是伊藤首相就想到了取之于民这一生财之道。

明治十九年（1886年），也就是长崎事件的当年，明治政府开始发行舰船公债，就是问老百姓借钱造船。鉴于清朝水师在长崎干的那些事儿，日本各地群众一听说是给军舰捐钱，各个踊跃不已。这个公债发行数年,总共募集到了一亿七千多万元,相当于八年扩军计划中全额预算的三倍有余。

有了钱,自然一切就好说了。明治二十年(1887年)三月,海军省拨出近750万日元,跑到横须贺船厂找到了一个叫白劳易的哥们儿,说这是钱,你给我们设计一款船来,然后一式造三样。

白劳易,法国人,时任横须贺船厂总监督,舰政本部特别少将,海军省顾问。

他出生在法国南希,早年学法律,后来学舰船设计,法国历史上第一艘防护巡洋舰施佛克斯号就是他的手笔。明治十八年(1885年)八月,被日本海军省以普通外国专家二十倍的薪水聘到横须贺,负责造船事宜。

白劳易在接受了海军省的要求之后,当场就提出建议:干脆造三艘6000吨级的一等海防舰,也就是跟定远、镇远一个级别的那种,打算旗鼓相当地和北洋水师一较高下。

但这个提案瞬间就被海军省的人给否决了,理由是750万日元不足以造三艘那么大的船。于是只能退而求其次,造三艘4000吨级的二等海防舰。

但这并不是普通的二等护卫舰,而是白劳易以自己曾经设计过的法国"黄泉"级小型铁甲舰(排水量1690吨,装备一门275mm口径的加奈特式主炮)为蓝本,舰体结构则参考"施佛克斯"号防护巡洋舰(排水量4561吨,装备6门163mm炮、10门140mm炮)来建造的一款特殊海防舰。

这个特殊之处就在于,白劳易坦率地承认了定远、镇远两舰在防卫上的无懈可击,放弃了原先想在装甲防御上跟两舰一较高下的打算,转而是准备用强大的火力来压制定远和镇远,也就是在船上多加火炮,加强火力。

对此，海军省表示认可。

数日后，设计图被画了出来，然后被送到工厂付诸生产，当中的诸多过程我们略过，直接就来说一说这船造出来之后是怎个模样的吧。

因为这是日本第一次真正意义上拥有的比较强大的、至少在理论上能跟清国水师一决高下的海防舰，而且还是集全国人民共同血汗钱造出来的，所以海军省结合了各方面的意见，赋予了三艘船三个非常帅气的名字——松岛、严岛和桥立。

三个名字取自于日本三个名胜地——宫城县的松岛、广岛县的严岛和京都府的天桥立，故而合称三景舰。

三景舰系列军舰的排水量为4278吨，舰长99米，垂线间长90.68米，舰宽15.39米，平均吃水6.04米，最大吃水6.74米，设计马力5400匹，航速16节，续航力6000海里/10节，载煤量680吨。

以上是基本数据。在舰体设计上，该级舰采用了法式风格浓郁的舰壳内倾设计。这种独特的舰体形状可以减少摇摆，减少舰体上部的重量，在高海况时拥有更多的复原力矩；在相同海况下，与普通舰型相比，可以获得更高的航速。虽说听起来不错，但也伴随着一个很大的弱点，那就是会产生横倾。实际上当主炮转向左舷或右舷，舰体都会发生几度的倾斜。

在火力方面，三景舰都装备了全长近13米，口径32厘米的主炮，在这方面，确实超过了定远和镇远，但这绝非是什么好事，甚至可以认为这大炮才是三景舰的致命之处。

其实想想就明白了，本身吨位不过4000，居然配一门32厘米的超级大炮，这给人的感觉就是一个身高一米五的家伙手里拿了一把三米的青龙刀，刀是很威风没错，可你也得使得动啊。

你可能要问这白劳易身为舰船设计大师为什么还知错犯错搞

这么个玩意儿出来，其实完全不是人白大师的错，这超级大炮，乃是海军省的意思。

当时的日本人对于清国水师，确切说来是对定远、镇远两舰已经产生了一种病态的心理，就是不管怎样，自己的船哪怕有一个地方胜过他们那也是好的，只求表面上理论上先威风一把，至于实际效果，姑且不管。

所以在海军省最开始给白劳易的设计意见里，这炮比现在的还要大，连着旋台跟扬弹装置总共将近200吨，最后自己都觉得要真安这个玩意儿估计开船都难，这才勉强改了一改。

此外，虽然白劳易刻意加强了重点部位的装甲，但防护巡洋舰舰型的先天不足仍然使三景舰的防御力显得弱不禁风，懂行的人一言以蔽之就是"赤身裸体"。

还有一个关于三景舰的问题就是主舰松岛号的主炮是后置的，那会儿的军舰一般都是主炮前置，事实上严岛跟桥立都是如此。之所以要把松岛的主炮放后头，这都是白劳易的安排，他原本是打算让松岛跟桥立或是严岛在作战的时候两舰配合，一前一后用强大的火力攻击定远或是镇远。说句心里话这个想法是很不错的，但当时日本海军根本就不具备这种编队作战的能力，也很少有这种训练，都是各自为战的单舰作战，这种战术只能是嘴巴里说过就当打过了。

不过总体而言，三艘船还是不错的，至少有资本跟大清水师纸上谈兵一番了，更值得一提的是，虽然松岛跟严岛都是在法国制造的，但桥立却是出自横须贺船厂之手。

这是谁的功劳？当然是小栗忠顺。

就在日本海军正蓬勃发展的当儿，明治二十一年（1888年），日本初任总理大臣伊藤博文辞职了。

这话虽然说得够突然——本来还干得好好的,又是富国又是强兵,怎么就突然撒手不干了呢?

原因是天皇,明治天皇。

在日本,如果你的工作是天皇的话,那就恭喜你了,你获得的是一份全国最轻松的工作。

当然肯定有人会说这是废话,在哪个国家当皇上不轻松呢?就说中国的皇帝,似乎每天也就是后宫佳丽三千里头混混,然后下个江南,微服私访一下,去大明湖畔避个雨之类。

这属于典型的光看贼吃肉,没见贼挨揍。

在中国,做皇帝是很辛苦的,尤其是做到在国内有"明君""圣君""千古一帝"之类称号的皇帝,他的工作量是相当大的。

比如清朝的雍正,他除了上朝接见各大臣以及批复各类公文之外,每天还义务为国家拟定各种政策并且撰写政治类文章,一天至少8000字。

再比如雍正他爹康熙,其实也是个工作狂;再再比如跟明治天皇同时代的光绪皇帝,虽说长期以来一直被广大人民群众唾弃为懦弱孩子,但事实上人家是一个尽管各方面能力都不怎么尽如人意但工作却非常努力并且主观积极要求上进的新世纪好青年,每天处理政务往往要到凌晨三四点。

相比之下,明治天皇的日子那真是太好过了,这家伙的工作时间是固定的,为每天上午10点到中午12点。工作内容主要是和宫内省的人聊天唠嗑,也就是说,如无意外,天皇的一天是这么度过的:早上起床,刷牙洗脸打太极拳,吃过早饭之后消化一下,然后开始跟人扯淡,一直扯到饭点,余下的时间都是自由活动。

这哪是人过的日子,简直就是神仙过的日子啊。

不过话又说回来了,天皇是神不是人,《大日本帝国宪法》里这么规定过，我们待会儿会说。

所以话说到这里，我们也有必要阐明一个观点了，很多人都喜欢把明治天皇当成一代明君，说他是千百年来第一个从冷板凳上爬到首发阵容里掌握了实权的天皇。列出的证据也有不少，最有力度的就是日本宪法，因为上面明确规定了天皇治世万世一系，是神而不是人。

其实并非如此。即便是被誉为千古神君的明治天皇，依然是一个没什么太大实权，象征意义大于实际意义的主儿。

仔细想想就该明白，谁见过一个掌握着国家实权的君王每天只上班两小时而且还是以聊天为主的？

当然，这样也有好处。天皇虽说不干活，但只要有了功劳，全都得算他的，是"我皇英明"的结果；可一旦出了娄子，那就得让内阁的老头子们共享了，引咎辞职的辞职，写检查的写检查，而天皇却是浑身干净，绝对不会沾染上一丝麻烦。所以庚子国难之后，慈禧太后派五大臣出国考察各国宪政，去日本的那哥们儿回来后就对老太后说，大清必须要立宪，因为只要立宪，便能保我大清皇权永固。其实说的就是这个道理。

至于什么宪法规定天皇是神，那跟有没有实权完全没关系，美国硬币上还刻着我们信仰上帝呢，耶和华在大选的时候能参与投票吗？

不过，尽管天皇不怎么干活，但不代表他就完全没有存在意义了，至少他手里还有一个叫作玉玺的玩意儿，也就是图章。但凡内阁政令，不盖这个戳的话那就是废纸一张，发出去擦屁股都嫌硬。

所以，问题就来了。

要知道，天皇盖戳那属于他的工作，本着劳动法精神，这工作是只能在工作时间内干，绝对不能占用工作外时间。事实上，天皇的这宝贵的两小时工作时间里,除去跟宫内省的人聊天之外,剩下真正用于工作的,所剩无几。再加上盖戳之前怎么着也得看一遍文件说的些什么,大致内容是啥,还得想一想到底盖不盖这个戳,不能看都不看一眼直接就是一戳,万一哪个腹黑的孙子写一份奏章说皇上我想娶娘娘咧?故而每天天皇能够处理的正经事儿其实真的是很少很少的。

于是伊藤博文就不爽了,换你你也不爽。

想想吧,每天你大清老早地跑到办公室里召开内阁会议,讨论了大半天才讨论出一个议案,然后第二天又跟一帮大员们唇枪舌剑地推敲,大热天的连空调都没有,吵架吵了一身汗,好不容易终于算是制定出了一条比较靠谱的政策。你也顾不上冲一把凉水澡,兴冲冲地就拿着文件跑去了皇宫,想让天皇最终敲一个章,好把这道命令给颁下去,富国强兵一番。

结果你到了门口被拦住了:"天皇陛下正在进行重要谈话。"重要谈话指的是跟以一个叫元田永孚为首的一帮老学究讨论天道地道,忠孝仁义之类的道德话题。

元田永孚,日本著名学者。熊本藩(熊本县)人,自幼便以天才神童而闻名远近。明治维新之后担任了宫内省官员,随后又参与了《教育敕谕》之类重要政令的起草工作,并被天皇看上。1886年(明治十九年),已经68岁的他被任命为天皇御前顾问,但凡有国家大事,明治天皇总是第一个找他商量。

当然,商量也商量不出什么来,满口之乎者也、子曾经曰过的家伙,你问他海军建设工业发展,他能跟你说出靠谱的东西来吗?

可偏偏天皇就是爱跟他说话,你有什么办法?

所以伊藤博文没办法,他只能每天从10点一直等到11点三刻,然后等来一句:"天皇会见结束,伊藤大人您可以进去了。"

等进去之后，伊藤博文匆匆递过去几张文件纸，天皇的那个小戳子尚在掌玺大臣的手里，还没等到拿来盖，房间里的时钟就敲了12下，于是周围来了人："伊藤大人，天皇要去用膳了。"

比起文件，皇上的龙体更为重要，万一饿出个好歹来谁也承担不了责任，故而伊藤博文也不敢阻拦说你待会儿再吃，只能表示恭送皇上，衷心祝福您今天能有好胃口。

几乎天天如此，白跑也就算了，很多重要的政令就此被这么耽搁了下来，论谁做首相，谁都要不爽。

最让他不爽的，还是那几个老家伙。

比如元田永孚就不止一次地在明知伊藤博文候在外头的情况下，故意拖延跟天皇的唠嗑时间，本来10点半就能讲完的，到了10点25分的时候他偏偏要来一句皇上，其实你知道不？然后引着天皇问知道啥，从而把谈话一直给拖到11点50分。

开始的时候还能忍，但渐渐地他终于忍不住了，爆发了，亲自找到了元田永孚，说你们是啥意思？阻挠维新变法？

元田永孚连忙矢口否认，表示你别凭空污人清白，我们这几个做学问的已经非常克制了，尽可能地缩短跟天皇的交流时间，为的就是给你们这帮政客留出时间来汇报工作。你们不思感激倒也罢了，还倒打一耙说是我们的错，实在太过分了。

看着元田老先生滔滔不绝激动不已的样子，伊藤博文猛然回过神来。他知道，问题或许不光是出在这帮老头子身上，更大的问题，在于天皇本人。

所以，当下他就上了一道奏折，上面明确表示，皇上你每天10点上班12点下班，工作就是扯淡，不理政务不管国家，这样是不行的。其次，您看看跟您聊天的那都是什么人，元田永孚他们虽说是忠义的道德之士，这点毫无疑问，可治理国家光靠道德文章是不够的，他们对国家建设、世界大势几乎狗屁不懂。您若每天光是和这群家伙坐而论道，那皇国就危险了。

这封丝毫不留情面的奏章，让明治天皇龙颜大悦。他表示，伊藤卿忠心可嘉，着实该赏。

赏了什么我不知道，但赏完之后，天皇依然如此，每天两个小时工作，主要内容扯淡，扯到饭点就下班，下午时间则是骑马娱乐。毕竟，这种快乐的生活不是每个人都愿意放弃的。

伊藤博文终于火了，但他没辙——总不能冲入皇宫给天皇两巴掌然后逼着他每天朝九晚五勤奋工作不许离开办公桌吧？

想来想去，既不能改变现状却又不愿意坐视不管，那就"罪在臣恭"呗。

于是，伊藤博文在明治二十一年（1888年）的四月底辞职了。接任的是黑田清隆，可黑田清隆干了一年不到也辞了，因为这哥们儿走得急，连下一任是谁都没个交代，所以临时拉来个消防队员顶缸，那就是当初跟伊藤博文争初代首相的三条实美。三条实美过渡了两个多月，天皇才最终正式任命了同为松阴门下的山县有朋做首相。

山县有朋上任后的第一件事是赶紧搞宪法。

关于宪法的制定，虽说之前已经基本决定以德国为蓝本来办了，但在实际的操作过程中依然有着相当棘手的问题存在。那就是在明治十九年（1886年）起草宪法的时候，伊藤博文他们又犹豫了起来：难道真的以德国为蓝本照猫画虎就成了吗？

主要执笔人之一的井上毅表示：不成。虽说大家都是宪政国，但我们不能一味地照搬德国人的玩意儿，要走有日本特点的君主立宪道路。

伊藤博文对此表示赞赏，不过也提出了自己的疑问：井上同学你口中的那个日本特点，具体是什么玩意儿？

答案是两个字：天皇。

只有在宪法中高度突出天皇的地位，那才是真正的日本特色，因为天皇就是日本，日本就是天皇。

虽说看似相当偏激，但在当时日本人特别是井上毅的心中，就是这么认为的。对于井上毅的这个意见，宪法起草委员会全票通过，没有任何人反对或者质疑。

谁敢哪？

就这样，自打组建内阁之后，经过众宪法起草团成员们3年多的努力奋斗，终于在1889年（明治二十二年）的2月11日，发布了日本历史上的第一部宪法。该宪法总共有7大章，76条细则，也是当时亚洲的第二部宪法，第一部是奥斯曼土耳其帝国于1876年发布的《奥斯曼帝国宪法》。不过，后者仅实行了两年就宣告结束，议会也随之被解散，而前者却一直实施到了第二次世界大战的终结。

在这部被称为《大日本帝国宪法》的宪法中，无处不洋溢着井上毅说的"日本特点"，看了之后给人的感觉就是他们不是为了规范国家才起草了宪法，而是为了能够确保天皇的统治，以"法"的形式诠释皇权，才弄出了这么一部宪法来。

首先，在宪法的第一章第一条就明确表示了这个国家到底是谁的国家，宪法到底是谁的宪法：大日本帝国万世系由天皇统治。

这种类似亲亲我爱你一万年之类只有在情诗、情歌里才能看得到的句子居然出现在了国家的根本大法之中，不得不让人感到相当无语。

之后，宪法规定了国家权力的三个分支，也就是我们说的三权：立法权、行政权和司法权。

其中，立法权方面设置上下两院：贵族院和众议院，共同决商国事；行政权则由内阁管，也就是各部的大臣；司法权则设立裁判所即法院，用来审判处理各种案件。

不过，日本的三权表面上是分立的，但实际并不算特别分立，之间还有着某种相连的关系。

首先，贵族院的各议员都是由天皇任命诞生的。众议院议员因为人数众多，天皇太忙任命不过来，所以由下面选举产生，但是，天皇拥有随时解散众议院的权力；其次，内阁大臣的任命权全部归天皇所有，但不管这些大臣做出怎样的事情，天皇都不必为自己作出的选择负任何责任，倒是在宪法的第55条里有这样的规定：国务大臣辅天皇，并向其负责。也就是说天皇万一喝高了干了什么出格缺德的事儿，大臣们得"罪在臣恭"一番然后写论讨的写检讨，辞职的辞职；再次，裁判所的最高长官即大法官的任命权，也在天皇手里，并且，在宪法中明文规定这帮公检法是以"天皇的名义"行使同法权，也不知道他们在把人关到牢里去的时候会不会挥舞着手里的锤子站在太阳底下说上句"我代表天皇消灭你！"之类的话。

此外，军队也归天皇所有，这是肯定的，皇家多少年没掌过兵了，现如今好不容易有了兵权怎肯轻易放手。

总之一句话，天皇就是宪法，宪法就是天皇。

然而，这部皇家宪法的新鲜出炉还是让广大爱国的日本群众着实振奋了一回，在其正式问世的当天，一批又一批的日本老百姓自发走上街头组织起游行，狂热地庆祝日本从此成为亚洲唯一的立宪国，尽管这部根本大法跟他们自己的切身生活几乎没有任何交集——除了轻描淡写地表示日本公民有结党、言论、出版以及秘密通信的自由。

不过不管怎么说，宪法终究是给捏巴出来了，那么接下来，就得召开国会了。

然而就在此时，井上毅站了出来，说，等等，这个不急，缓俩月再说，之前还有更重要的事情要先行处理。

1890年（明治二十三年）10月30日，井上毅起草，天皇颁诏，发表了《教育敕谕》。这东西跟之前的那个《军人敕谕》性质一样，就是对象不一样，它是给学生们看的，主要内容不外乎什么你们要好好学习，磨练人格，孝敬父母，友爱兄弟等，并且希望广大青少年朋友不管今后是留在日本建设祖国还是出国深造，都要记住自己祖先遗留下来的美德，做一个堂堂正正的日本人。

敕谕颁布之后，社会各阶层反响热烈。文部省率先作出指示，要求每个学校在开学典礼和毕业典礼的时候，都必须得在主席台上宣读这玩意儿。伊藤博文也补充表示，要日本人拿出欧美人对《圣经》的那种热情来对待天皇的敕谕，要把天皇的权威当成民族的精神源泉。

这些都没啥，捧天皇那是做臣子的职责，而敕谕本身说到底其实也能算是天皇对祖国下一代的殷切希望和谆谆教诲罢了。值得注意的是这篇文章中的一段话：当国家发生非常事态的时候，必须要拿出真心，毫不犹豫地扑到国家和平以及守护国家的事业中去。

这话乍看之下非常普通寻常，就是教导学生要一心为了国家，属于爱国主义教育的范畴。

但是仔细想下，一个国家什么时候才算是发生了"非常事态"？应该除了天灾之外多半就是战争了。所以，在《教育敕谕》颁布的没几天之后，就有一群教育专家表示，这段话的意思其实是天皇教导学生们要在战争爆发的时候敢于抛下书本前去保卫祖国。

而到了昭和时代前二十年（1926—1945年）的时候，该段文字的解释已经被相当简单地归结为了一句话：要为了国家勇敢地去死。

至于到底国家为何要你去死，要你做什么去死的事儿，统统都没说，总之就是，当国家要你奉献生命的时候，你赶紧纳命来。

当时日本确实挺"非常"的，正在"非常"努力地搞侵略战争。这么一来，原本的谆谆教诲也好，殷切希望也罢，全都变了味，变成了军国主义教育。用40年前的圣旨来教育40年后的学生为国上战场侵略别人，我估计井上毅在最初起草的时候铁定是没能想到还会有这茬儿。

说白了，加上那部大日本宪法，这三样东西其实就是把全日本国民团结或者说诓骗在以天皇为核心的朝廷周围的精神原子弹罢了。

《教育敕谕》弄完之后，众心期盼的国会制度终于登场了。

国会采用的是两会制度，刚才说过，即贵族院和众议院。其中，贵族院的部分都是贵族，仔细分来有三种：皇族、华族和敕任议员。所谓的敕任议员即天皇钦定的议员；而众议院的议员们，当然是"民选"出来的。

这个"民"，得具备一定的资格。

第一，你要超过25岁，而且还得是男性。当年的日本女性是不具备选举权以及被选举权利的，这跟今天不一样，今天的日本很多议员都把目光投向家庭主妇，往往会在拉选票的时候提一提主妇的利益，因为妇女也是半边天；第二，你不具备一定的社会地位也是不能参加选举的。这个社会地位的衡量标准就是钱。在和宪法几乎同时出台的选举法中规定，每年纳税低于15日元的，不具备选举权。那年头的15日元可以在日本最豪华的饭店——帝国饭店里包吃包住一个星期，也就是井上馨拜托涩泽荣造在鹿鸣馆边上的那家。

根据这两个条件,当时全日本能够参加选举的人只有46万左右,而这个国家的总人口数量为400万,也就是说,有效的选举人口只有总人口的11.5%。

无论你觉得这算不算民主,反正以上就是参选人即选民的基本情况,接下来我们说说被选人。被选人倒是不需要什么太高的门槛,只要你满25岁而且是男性并且有足够的人来选你,那你就能当议员了,这个没啥好讲的。值得一提的是,虽说宪法中才刚刚提到广大群众有结党的自由,可在当时日本已经提前好几年便有政党的存在了,而且还不少,有那么两三个,并且每个政党都跃跃欲试地打算派代表去参选众议院的议员。

在这些政党中,历史最悠久的,当属成立于1881年(明治十四年)的自由党,党祖宗是土佐人士的板垣退助。

且说这位老兄在明治六年政变之后就辞职离开了中央政府,回到土佐颐养天年去了。在养老的过程中,日本也进入了一个相当动乱的时期,各种造反一时间络绎不绝,从佐贺到鹿儿岛一件连着一件,最终使板垣退助觉得,自己也该停止休息,起来做些什么才好呢?

当然,造反这种傻事儿他肯定是不干的,自己日子过得好好的也没必要特地去寻死。但与此同时板垣退助也清楚地认识到一件事,那就是民众的力量是非常强大的,如果不善加利用那就会对国家造成巨大的危害,可如果有效地组织起来朝主旋律方向推进的话,那就能大大地加速国家的发展。为此,他将土佐的士族们给聚集了起来,弄了一个组织,取名为立志社。大家经常在一起集会聊天,谈论国是,虽说也有骂政府的现象,但总体来讲还是非常和平的,至少没有人动刀动枪。

但是，这种太平日子终究没能过太久，1877年（明治十年）4月，也就是西南战争打得最惨烈的时候，立志社中的一大群人纷纷站出来，要求拿起武器和鹿儿岛的阶级弟兄们并肩作战，打倒明治政府。

虽说大家只是处于一个叫嚣状态，但考虑到当时是非常时期，所以高知县地方政府还是派出了大批的警察和镇压部队，将立志社给一举取缔，组织人板垣退助也险些被捕入狱。这件事情之后，不光是立志社从此消失，就连土佐的士族们也安静了不少，大家明白就凭自己身上这几两肉，断然不是明治政府的对手，所以还是安心过小日子吧，别再有什么非分之想了。

这样一来，纵然板垣退助本人不想放弃，可也已经没辙了。

就在此时，有人告诉他说，中江兆民先生来我们这里了。

其实中江兆民不是特意来找板垣退助的。前面我们也说过，他是去找自己的学生宫崎八郎，本想劝他别造反回去接着上课，却没想到晚到一步，于是没收回弟子只能收尸。悲伤之余，中江老师不得不原路返回东京，路过老家土佐的时候，变相在家乡看看风景，放松两天。

再说板垣退助当年跟坂本龙马虽然说不上很熟可但也算是打过几个照面，而对于中江兆民这位前海援队队员的大名也算是早有耳闻，所以一听到消息，他便决定前去拜访一下。

两个人见面之后就开始喝茶，喝完茶之后唠嗑，唠着唠着唠出感情来了，便无话不谈起来。中江兆民说起了宫崎八郎，板垣退助说起了立志社，然后两人唏嘘一阵，一个说活着真辛苦，一个说不辛苦，命苦。

大叹苦楚之余，板垣退助还是问了一句："中江先生，依你看，现在我应该怎么办才好呢？"

中江兆民因为刚才还处在一个诉苦的状态中,所以一时间没回过神来:"什么怎么办?"

"我本来想团结士族,却不料他们只是想着推翻政府,从来不考虑其他办法,所以才有了现在的这个结果,难道这个国家就只能由着萨长他们乱来吗?"

"为何要团结士族?"中江兆民很奇怪地问道,"士族之外的人要比士族多出不知多少倍,你只团结士族有何用呢?"

"那……"板垣退助也感到很奇怪,"那我除了士族之外……还能团结谁呢?"

"那就要看你想干什么了。"

"我只是想让民众团结起来,齐心协力建设这个国家,并且真正地掌握这个国家,而不是让偌大一个日本只属于那么几个人。"

中江兆民听完之后点了点头:"那你从一开始就不应该跟那群士族拉帮结伙。他们只是想恢复到德川时代自己能够拥有特权的那段时光去罢了,根本就没有几个人真正地在为这个国家考虑,而且这也是一个不可能完成的任务。"

板垣退助听完之后,马上就回问:"那我应该跟谁团结比较好呢?"

"农民,你应该获得普通民众的支持。"中江兆民说道。

"为什么?为什么要得到农民的支持?"

中江兆民笑了:"现在开始准备立宪了,你知道吧?"

"嗯,这个自然知道。"前不久板垣退助还被拉去大阪开过关于立宪的大阪会议,尽管之后又再次宣布隐退,但对于日本要搞宪政一事还是相当清楚的。

"我在东京帮助那群人,接受他们咨询有关宪法的相关事宜,你也知道吧?"

"这个也已经听别人说过了。"

"现在的日本立宪是肯定的，可关于宪法该是什么样的，主要有两种分歧，一种是主张立德国式的，一种主张立英国式的，而我，却打算推行法国式的。"

接着，中江兆民开始给板垣退助说了一堆巴黎公社的故事。说者有意，听者动心，板垣退助当下就表示，自己从今往后就从农村开始拉帮结伙，有朝一日靠着人民的力量返回中央政府。

从那之后，他开始学起了西乡隆盛，没事就往农村跑，碰到农民也不管人家是要急着种地还是去上厕所，总之拉住就唠嗑，内容比较单一，通常情况下就是先跟人家说一通现在的大好形势，什么四民平等啦之类，然后表示，既然人人平等，那么农民就应该跟当年的武士一样，要成为这个国家的主人；而要成为主人的话，那首先就要团结起来才行。

原本板垣退助觉得要激发起农民参政组党的热情，必须得花上好一番功夫才行，却不想事实大出他所料，农民们尤其是在明治维新之后靠着买卖土地发家的新兴地主们，对他宣传的那玩意儿特别感兴趣。

俗话说饱暖思权欲，很多农民在成为地主之后，有钱有地有老婆，过上了以前江户时代想都想不到的好日子，慢慢地就想弄个什么官来做做，所以他们对于板垣退助的那套理论非常感兴趣，认为这是让他们得到权力的重要阶梯。不过还有一句俗话叫穷则思变，更多的农民因为土地被兼并或者苦于每年的年租，过上了以前江户时代想都想不到的坏日子，现在听了板垣退助的理论之后，认为如果这套玩意儿真的实行了，自己真的能参政议政，说话有人听了的话，那么肯定能改善自己的生活质量。故而，一时间，板垣退助有了一大群簇拥者，并逐渐形成了一个以地主阶级为核心的庞大组织。

明治十四年（1881年），明治政府正式宣布，将在10年内制定宪法，召开国会。此时的板垣退助知道机会来了，他决定就在年内组党，名字也已经想好了，既然以自由民主为纲，那么这个党就叫自由党吧。

当年10月18日，日本有史以来的第一个政党自由党在高知县诞生，板垣退助出任总理。自由党的宗旨是宣传民权自由，他们提倡主权在民，采取一院制，选举议员的方式为普选，也就是那种是个成年人都有选举权和被选举权的方法。

其实这一看就知道是中江兆民在背后出的主意了，因为不管是主权在民还是一院制，都是当年卢梭的最爱，而这种人人都能参政议政的阳光普照理念，赢得了一大帮子农民的支持。

这种事情一旦有人开了先河，后面自然就源源不断了。

明治十五年（1882年）三月十四日，日本第二个政党也跟着诞生了，它的名字叫立宪帝政党。这个党提倡的是君民一体共建和谐社会，并打算效仿英国实行两院制，然后实行有资格选举，支持者是一批新冒出来的资本家和知识分子，党魁则是早稻田大学创始人，板垣退助曾经的老盟友——大隈重信。

虽说两个党的宗旨有着相当大的区别，但这并不妨碍他们走到一起。要知道，这两党的党魁本身就是同乡发小，在日本政坛上常年都是一派，最重要的是，这两位朋友现如今都是无官一身轻的在野人士，要想重新杀回庙堂，单枪匹马想必是不能够的，至少，也得有个伴。

就这样，自由党和立宪帝政党便结成了攻守同盟。

同时，自由党也开始招兵买马，广纳信徒，具体的操作办法说来比较单一，就是靠板垣退助的一张嘴，走到哪儿讲到哪儿，四处宣传，获取民心。因为这套理论在日本是初次登场而且确实很对一般民众的胃口，所以每到一处，板垣退助都受到了极为狂热的欢迎，拥有一大群粉丝；而每次演讲的时候，现场都是人山人海，一旦你挤进来之后，不到散场那是根本挤不出去的。

当年4月6日，板垣退助来到岐阜县内开演讲大会，众粉丝闻讯之后纷纷从全国各地赶来，只为一睹偶像风采。板桓退助一看群众热情居然如此高涨，当下也兴奋了起来，尽管之前两三天可能因晚上踢了被子所以有点感冒发烧，但还是强打精神在台上连续讲了两个多钟头，连水都没喝上一口。

演讲最终取得了圆满的成功，在粉丝们的一片欢呼声中板垣退助走出会馆，准备回宾馆睡觉，但是就在他刚刚走到玄关的那一瞬间，一个年轻人"噌"的一下蹿了上来，大喝一声："国贼！"然后从身上"嗖"地摸出一把类似水果刀的短刀，接着就没有任何多余动作地朝板垣退助胸口戳了过去。

且说板垣退助当年在土佐藩的时候，曾经是竹内流空手搏击的门徒，平素擅长空手格斗，要在平时，估计也就一把抓住对方手腕再一个耳光扇过去，便能当场搞定；可这一天因为感冒发烧在身而且又滔滔不绝讲了那么久，所以速度没跟上。尽管他抓住了对方伸过来的那只拿着刀的手，并且下意识地往下那么一按，但还是慢了一拍，刀依然插入了他的体内，不过万幸的是，那一按，使得刀子避开了要害，只是扎入了肉比较多的腹部而已，并且扎得也不深。但是他的腹部依然流出了大量的鲜血，将衣服都给染红了。

而凶手则被愤怒的粉丝们群脚踢翻在地，再踩上了好几十只脚，接着被扭送至当地公安机关。经日本公安干警突击审讯后得知，该男子名叫相原直，爱知县人，是个小学教师。他跟板垣退助并不相识，自然也没有私仇，同时，相原老师虽然每个月从政府那里拿工资，可除此之外，跟明治政府就再也没有任何关系了，前去刺杀板垣退助的原因只有一个：保守派的相原直认为自由党如此猛烈地在日本宣传人人自由的思想，很有可能引发全国性的混乱——因为如果人人都具备自由的思想，那大家便会自由地去做任何事情，比如造反。所以为了日本的未来着想，必须得把自由党给灭了，可无奈对方人多势众，相原老师一个人孤掌难鸣。思来想去之后，他觉得还是来一招擒贼先擒王，把自由党匪的匪首板垣退助给做了，或许大事能成也说不定。

身负刀伤的板垣退助虽说见了红，不过倒也没生命危险，当天被送入医院包扎了一下之后便安排进了普通病房住院观察。

第二天，自由党机关报《自由新闻》头版头条报道了这条消息，在描述了匪徒穷凶极恶的嘴脸以及板垣退助大义凛然舍生忘死为自己的精神之后，在文章的末尾加了这么一段话：

"总理（板垣退助）一手死死地抓住凶手的手腕，鲜红的鲜血顺着指缝流了下来，但是，他那高大的身躯并未因此倒下，相反，总理怒视着凶手，大喝一声：'板垣虽死，自由不灭！'声音洪亮，全场都为之而动容。"

"板垣虽死，自由不灭"这句被日本人代代口口相传的话，就是这么来的。

报道播出之后，全日本沸腾了，大家都没想到自己国家居然还有这么一号为了自由甘愿抛头颅洒热血的哥们儿，一时间自由党名气大增，粉丝人数也大增，俨然一副全日本人气最高组织的模样。

但事后的一次私人谈话中，当朋友问起板垣退助说："你这么大声喊，就不怕用力过度，伤口裂得更开？"

板垣退助无奈地笑了："我要有这力气喊，早把它用在躲开这刀的工夫上了，你当我傻啊？"

朋友一惊："你没说过这话？"

"你去被人捅一刀试试？当时根本被吓得连声音都发不出来，怎么可能喊那种话？"

这应该是日本第一例利用新闻媒体搞炒作的事件，虽然跟板垣退助本人的意志没有丝毫关系。

而那位凶手相原直，后来被判处无期徒刑，发配北海道劳动改造。在监狱里，他通过多方面的报纸，了解了自由党的性质以及板垣退助这个人，深深地感到自己之前的所作所为是相当愚蠢的。于是他发愤图强认真改造，成为了当时北海道监狱里的优秀模范犯人，几乎年年能拿奖章。明治二十二年（1889年），因为国家立了宪法，所以大赦天下，然后相原直就被放了出来。当他重见天日之后，第一件事情就是跑去东京拜访了正在搞反对党立宪自由党的板垣退助。

"板垣先生，对不起，当年真的对不起了！"

"你也是在为了国家考虑，所以我对此并不生气。不过，如果以后你还要干这种事之前，应该先去了解一下对方，看看他到底是不是真的国贼，或者压根儿就不是，这样便不至于错杀好人了。"板垣退助从坐着的椅子上站了起来，"从现在开始，你就好好地先来了解我吧，如果当你确定我干出了什么类似于国贼的事情，欢迎你再来刺杀我。"

我想，这就是所谓的气度吧。

就在日本自由党的自由狂潮席卷全日本的时候，意想不到的事情发生了。

且说当时日本管财政的地方叫大藏省，大藏省里最大的官儿叫大藏大臣。这位大藏大臣，名叫松方正义，鹿儿岛人，此人在上台之后，搞起了一套紧缩财政，冒着经济大萧条的危险强行整理货币，结果全日本发生了通货紧缩，也就是货币购买力下降，物价暴跌东西卖不出去。

而在这暴跌的物价里，跌得最厉害的便是大米，没几天就整体降价38%。这样一来，农民们的日子就不好过了，特别是靠卖大米发家的富农们，收入一下子便缩了水；惨一些的，家产直接就被缩光了，成了破产农民。

农民是自由党的主要成员，尤其是地主富农，整个党派都是靠他们养的，换句话讲，因为这场通货紧缩，自由党的经费来源发生了困难。

组织经费的缺失造成了组织成员的流失，组织成员的流失使得组织渐渐无法维持，组织渐渐无法维持让一些没流失的成员心态发生了变化。

本来大家是想欢聚一堂刮上一股自由风，然后以和平的手段让日本成为自由之国，同时也让自己成为这自由制度的缔造者，却不想天有不测风云，财路被断了，这下也别说什么自由不自由的，连吃饭都成了问题。所以很多自由党的成员一下子就恨上了松方正义，然后连带地恨上了明治政府。说实话从一开始满怀憧憬要做国家执政党一下子落到连肚子都难对付的境地，不恨政府也是很难的，可光是恨两下也就行了，接下来该干吗干吗去，经济萧条倒霉的又不是你自由党一家。

可一些党员却不干了，他们觉得，明治政府已经是一个烂摊子了，靠和平演变是不可能的，必须要来上一场革命，以自由的名义用铁拳将其砸碎。

1884年（明治十七年）2月，大约二十名自由党党员预谋刺杀栃木县县长三岛通庸，结果因对方没有出现在暗杀预定地点故而宣告行动失败。

同年9月，还是那群人，在听说栃木县将举行县政府办公大楼落成典礼之后,打算组队前去搞恐怖袭击,将县里的领导干部们给全部杀光。结果因实在太招摇,所以走半道上就引来了警察的询问,然后又因这帮人实在没什么经验,所以被当场识破,不得已只能流亡天涯,但因实在忍受不了每天被追捕的煎熬和压力,暗杀团的成员们最终在当月的23日集体到当地派出所自首去了。

一连两起暗杀未遂事件使得自由党一下子就被认定有非法组织的嫌疑,明治政府派人数度来找板垣退助谈心,问他是不是打算学一把江藤新平和西乡隆盛。板垣退助连连否认,说自己也没想到会发生这种事情。结果明治政府大怒,表示你的人你自己都不知道还要你当这个党的总理作甚?

政府代表临走之前丢下一句话,如果再出这种事情,那你这个自由党的总理就该不自由了。

板垣退助陷入了沉思之中,最后,他做出了决定:解散自由党。

10月11日,自由党的机关报《自由新闻》发表了《告自由党员诸君》一文,一面哀叹种种暗杀暴力行为玷污了自由党的纯洁性正义性以及和平的本质,一面又表示,现在这种人实在太多,以至于自由党已经不能再继续存在了。

当年10月29日,板垣退助正式宣布,自由党解散。

日本第一个成立的政党,就这么如同昙花一现般,凋谢在了历史的舞台之上。不过,只是暂时的而已。

1890年(明治二十三年),也就是立完宪法的第二年,明治政府正式宣布,将于年内召开国会。消息一经传出,顿时全国就刮起了一股组党狂潮,有无数的人打算在这次具有跨时代意义的政治改革中投机一把,捞上一票。当时组党的情况之热闹,基本上可用"五人一党"来形容,或许有些夸张,但我个人认为也夸张不到哪儿去。

这世界上既然有人开新店，自然也就有人把老铺换新号，同样，也绝对会有人将那老店新开张。

大隈重信的立宪帝政党改了个名儿，叫立宪改进党，吸收了一部分当年被解散的自由党成员，同时也不再以创建和谐社会为理念宗旨了，而是主张要将国家掌握在人民手里，同时要给予老百姓一定的自由和参政议政的权利。

紧接着，退隐江湖多年的板垣退助又再度重现，和中江兆民以及另外一个叫大井宪太郎的家伙一起又组了个党，叫立宪自由党，宗旨没变，依然是民主自由。

立宪自由党和立宪改进党在当时被合称为民党，因为他们提倡的跟政府提倡的那些个什么皇权政治、天皇最大之类的指导思想基本相背，所以也就是今天所谓的反对党。

在这种情况下，明治政府也不甘示弱：既然你组党，那我也组个党给你看看吧。其实他们也不能示弱，必须组党，不然等选举了必输，到时候整个议院大楼一屋子的反对党，这事儿咋整？

于是，在内阁的授意下，日本又出现了两个支持政府的政党：一个叫大成会，一个叫国民自由党。前者的组建者叫作杉浦重刚，此人在后来受到了相当的重用，被明治天皇的儿子大正天皇请到宫里做老师，昭和天皇以及他的两个兄弟高松宫宣仁亲王以及秩父宫雍仁亲王这仨的帝王学，都是杉浦重刚给教的；而后者的创始人则是当年土佐藩的重臣，坂本龙马的老相识——后藤象二郎。

这两个党因为是跟政府穿一条裤子的，所以也被叫作吏党。

那会儿日本最大的四个政党就是他们了，其他的那种三人一伙五人一帮凑起来的玩意儿，因为实在是不具备什么像样的实力，故而不提也罢。

总体而言，当时的对决场面还是2对2的公平决斗。

7月1日，日本第一届众议院选举正式开始，大家拿着自己的收入证明和税单缓步走入投票点，领取了选票之后开始写起了自己要选的人的名字。

这次选举总共参加人数为45872人，占当时日本总人口的1.13%，而候选人总共有1243人，众选民将在这些人中选出300人作为第一届众议员。顺便一说，从各县能参选的人数来看，当时日本最穷的应该是东京，因为那里拥有投票权的人数只占总人口的0.35%。

投票采取的是记名投票，就是你在写完选谁之后还得写上自己的名字，防止某些人乱说乱动，比如把这神圣的一票投给松平容保、西乡隆盛之类的高人气朝敌。

要说日本人的效率还是很高的，短短几天便统计出了结果。根据统计表明：本次选举的投票率为93.91%，故而有效。得票最高的个人是来自佐贺县的松田久正先生，这人之后担任了第二届的众议员议长以及大藏大臣等要职，不过在此跟我们关系不大，所以略过不谈。

现在要说的，应该就是大家最关心的事情了，那就是反对党和吏党，到底谁在这次选举处女秀中，占据了更多的席位呢？

答案公布：是反对党。

在300个席位中，土佐（高知县）人板垣退助和中江兆民之宪政自由党占了130个，为四党之中最高的；肥前（佐贺县）人大隈重信的宪政改进党拿了41个位子，土肥两党加起来为171票。而吏党的大成会虽然拥有79个席位，可无奈碰到了猪一样的队友，国民自由党仅仅弄到了5个位子，也不知道这帮人平常都干了些什么伤天害理欺男霸女的事情，居然都没人搭理他们。此外，还有

45个名额是属于无党派人士的,像松田久正,就是个不属于任何党的自由人。

值得一提的是,新选出来的300个参议员中,有191个是平民,而这些平民里,有超过100人是地主,也就是农业户口。换句话讲,日本第一届众议院里,不但坐着一屋子反对党,而且还是农民当家做了主。

虽说这实在算不上是民主制度的胜利,因为当年的日本压根儿就不民主——你纳税15日元才能有选举权这叫哪门子的民主?

可不管怎么说也能勉强算得上是民主观念深入人心的结果吧。

不过这个结果是让明治政府相当恼火的,毕竟他们谁也没想到,跟着洋人玩一把近代政治,结果整来了一帮反对党外加泥腿子。一些王公大臣在感到脸上无光之外,还生出了一丝危机感:这帮孙子不会就这么一直霸着众议院不走了吧?第二届第三届该不会还是这些泥腿子党吧?这样下去,我们的利益谁来保障?

于是,在第二届众议员选举的时候,时任农商务大臣的品川弥二郎搞起了暗箱操作,偷偷指示各地县官对民党的候选人进行拉拢软化,劝说他们放弃参加选举;软化不行的,就随便给安一个罪名,直接逮捕剥夺政治权利。后来这哥们儿玩大发了,甚至一度想把板垣退助也给抓起来,可当时板垣总理已经是堂堂一伯爵,抓他得有天皇的圣旨。结果品川弥二郎也不知道是吃了什么一下壮了胆,居然真的上了一道折子,跟明治天皇说板垣退助意图谋反,请皇上下旨把他给逮了吧。天皇当场就回了两个字:滚蛋。于是也就只能作罢了。

不过品川弥二郎弄出来的这场操纵选举事件,最终引发了民众大规模的暴乱,各地选民和被选举人纷纷与前来干涉的警察发生肢体冲突,并引发了25人死亡,数百人受伤的流血事件。

日本历史上的第一回民主，基本情况便都在上述所说之中了。对于当时的日本人而言，民主的道路不仅是长得一眼望不到头，而且时不时地还要伴随着死亡，西方的近代制度也不是那么好学的，有时候往往也得付出代价。不过，依然有那么一批人坚定不移地走了下去，因为这是他们的信念和理想。

不过在理想实现之前，北洋舰队再度光临了。

第三章 东乡平八郎

1891年（明治二十四年）6月26日，已经更名为北洋水师的清国舰队再一次造访了日本。

自那次不愉快的长崎事件之后，虽然暗地里日本开始不断发展海军力量，但表面上还是一副希望和平的样子，不断地朝西海岸抛着橄榄枝，于是双方就这么又恢复了原先的睦邻友好，并且在两家高层的主导下，再次策划了清国舰队访日活动。这次跟上次不同，不再有剑拔弩张硝烟弥漫的气氛，取而代之的则是一片亲善的氛围，亲善得要命，亲善到再也不能亲善了。

当然，这一切都只是表面上的。

北洋水师这次跑日本的真正目的，是炫富来的——干脆就让那不知死活还妄图靠不断发展来超越自己的日本人近距离地好好看看亚洲第一的舰队，或许能抑制他们那不断膨胀的野望。

7月5日，舰队抵达横滨，舰队长丁汝昌提督邀请了日本各界人士，在旗舰定远号上就地举行了一个宴会。会上，丁提督当着大家的面，用相当专业的术语介绍起了定远号、北洋水师以及世界海军形势，其中口舌费得最多的，还是他的这艘宝贝定远号，从排水吨位到大炮口径以及承载人数、装甲厚度，丁汝昌无一不娓娓道来，听得底下惊叹连连。大伙纷纷表示有生之年还从来没看到过那么厉害的玩意儿,就算是日本海军一代老前辈,时任外务大臣榎本武扬,也对此赞不绝口,大涨对方锐气。

不过,在这一片赞扬声中,却有一个年轻人一边从口袋里拿出一把炒豆子放在嘴里,一边一言不发面无表情地看着说得唾沫横飞的丁汝昌,而吃剩下的豆壳,则撒了一地。

"如果我们跟这东西打架的话,怎样才能打赢呢?"他对身边的同伴说道。

而同伴则说你暂且别管打架的事儿,先打扫一下你脚下吧。

这个吃豆子的家伙是海军学校少尉候补生,叫秋山真之,他有个哥哥,叫秋山好古。

同时在场的还有一个家伙,虽然他并没想着怎么跟北洋水师打架,但却对这支舰队的本身感到了一丝疑惑:为何如此有钱的大清帝国,他们的舰队装备以及船本身的维护程度,都跟5年前的几乎一样呢?难道这些年来北洋舰队就再也没有添置过新船了?如果真是这样的话,清国到底发生什么事儿了?

当然,肯定不会是什么好事儿,如此看来,清国的舰队虽说是庞然大物,但也并非无懈可击,只要用心制定作战策略,将其击败也并非是什么困难的事情啊——他是这么想的。

此人是当时日本吴镇守府参谋长,海军大佐东乡平八郎。

前些日子在网上曾经有一个分析中国以及周边各国国势的视频,人气很高,流传甚广。主讲人在其讲座中声称,近代世界懂得海军的,不过寥寥数人,而黄种人内有且只有一个,那就是东乡平八郎。

这个评价虽说看起来很高,而且似乎有那么一点夸张,但其实并没有什么大问题,或许懂近代海军的黄种人可能还有那么其他一两个,但东乡平八郎绝对是海军指挥官中的佼佼者。

在英语中，有专门一个词，叫 Admiral Togo，意思是东乡提督，说的就是他。在日本，他则被誉为军神，而在其工作单位海军省，大伙就干脆这么叫了，比如军令部总长伏见宫博恭亲王就一直叫他"东乡大神"。不光是日本，在日俄战争后，一些常年受俄国压迫欺负的北欧各国在听到东乡平八郎率海军打败了俄国之后，也纷纷尊其为神，并且还搞出了一种啤酒，取名为提督啤酒或者东乡啤酒，声称只要喝了它就能打胜仗。

当然，这都是赞誉之词，也就是被包装过的话，东乡平八郎给旁人的印象，其实是属于那种沉默寡言，一坐下来周围温度立刻降低五六度的酷酷的大叔。

不过根据多年的经验，越是这种冷面人到了关键时刻越是吐槽不嘴软，东乡平八郎就是这么一主儿，不光喜欢吐槽，擅长吐槽，甚至常常神吐槽。

流川枫知道吧，流川枫长两片小胡子，就是东乡平八郎。

曾经有一次，东乡大神应邀去学习院大学演讲，讲完之后便跟学生做起了互动交流，过程其实跟现在差不多，就是学生问主讲人，你最喜欢吃啥，你对我们国家的未来有何看法，然后主讲人在回答完之后可能还会回问一下学生，你学的是啥专业，家里几个妹妹之类。这一次，在回答了提问之后，东乡平八郎问那个学生道："你将来想做什么？"

该学生没有丝毫的犹豫："我将来要成为一名军人！"

当时日俄战争已经结束，日本虽说是惨胜俄国，而且惨到胜了之后连伤亡士兵的抚恤金都给不起，因为没拿到战败一方的赔偿，但在国内，媒体还是大肆宣传，说日本国大胜俄国，一跃成为帝国主义中的强者，亚洲国家里的骄傲，所以很多日本年轻人都以国家为荣，以当兵报国打胜仗为理想。

不过东乡平八郎却并未称赞这种远大抱负,而是以一种相当冷静的口吻说道:"你要知道,如果去当兵的话,那是会死人的。"

接下来的回答可能大家都能猜到,就是那个学生一咬牙一跺脚一瞪眼,气壮山河地回答:"我不怕死!"

其实他也的确是想这么说的,可终究没说出口,因为东乡平八郎没让他说,而是自己又把话给续了下去:"可如果你来当海军的话,或许就不会死了。"

当时的演讲台上有两个人,一个站着一个坐着,站着的是主讲人海军大将东乡平八郎,坐着的,是学习院院长,陆军大将乃木希典。而这会儿的日本只有两个军种:陆军和海军。

所以当陪坐一边的乃木希典听了这话之后,当场脸色就变了。可东乡平八郎却依然面不改色,回过头来对乃木院长一本正经地补了一刀:"你不要介意,我是开玩笑的。"

众所周知,乃木希典在日俄战争中负责攻打旅顺口,以连自己儿子都战死的惨重代价,终于将其攻下,也被日本国内誉为军神,和东乡平八郎两人并立,一陆一海,两大神灵,也不知道有没有人把这哥俩的照片给贴自家门上的。

所以东乡平八郎越是这么正儿八经地说出这话,乃木希典的脸色就越难看,底下的孩子们也就越想笑,当然,肯定是不敢真笑的,一时间整个演讲会场的气氛相当尴尬。

不过事后东乡平八郎承认,虽说是开玩笑,但的确动机不怎么纯。且说日本的陆军和海军从来就是不共戴天,这也是大家都知道的。顺便再说一句,乃木希典是长州人,而东乡平八郎是地道的萨摩人。

尽管这两个藩在江户时代末年曾经联手推翻了德川幕府,不过由于共患难容易同甘甜却很难,革命胜利之后,已经成为明治政府高官的两藩武士们，几乎在瞬间，就完成了从昔日战友变为今日政敌的翻脸转变。

而在军界，也出现了完全一样的景象，同时，由于长州人多混陆军而萨摩人多在海军，所以也就理所当然地造成了陆军跟海军之间的敌视。

换言之，所谓的旧日本陆军与海军之间的互不待见，其实最开始不过是长州跟萨摩两藩武士的不和罢了。

所以淡定如东乡平八郎者，也不肯放过吐槽长州人乃木希典的机会。

东乡平八郎出生在鹿儿岛城下的加治屋町，是藩士东乡实友的儿子，然后还有一个很厉害的远房祖先，叫东乡重位。此人是萨摩示现流剑道的创始人，这套剑法算是萨摩藩的招牌武功，大致类似于华山派的独孤九剑这样一个地位。日本以前拍过一个叫《带子雄狼》的古装剑侠片，主人公的原型就是这哥们儿。

再回头来说东乡平八郎，这哥们儿在年仅14岁，尚且还是个少年的时候，便被萨摩之父岛津久光给看上，先是招他进城当了一名光荣的贴身侍童，然后又把他给下放到基层去锻炼——在萨摩沿海炮台当炮兵。

尽管炮兵这个职业长期以来都被很多人给误解，认为没啥了不起，也就是戴绿帽背黑锅别人睡觉我点炮，但在江户时代，能够成为一个真正可以有资格放炮的炮兵，是很不容易的。

首先，在当时，大炮属于高精尖武器，不是一般人能碰的，因为弄得不好角度调差了，那炮口就对准自己了；其次，大炮杀伤力巨大，亲自点炮的那个人，一定要是久经考验的战士，如若不然，你心存对国家和政府的不满，故意调转炮头，恶意报复伟大的岛津久光同志，那就完蛋了。

所以，东乡平八郎能够担任如此光荣且责任重大的职务，那纯属组织对其信任，也是岛津久光同志的有意栽培。而他也确实没有辜负上头对他的殷切期望，发愤图强，苦练杀敌本领，然后，东乡同志在炮兵这个岗位上，迎来了他的第一次战斗，也就是文久三年（1863年）的萨英战争。这一年，他只有15岁。

这场战争的起因非常无聊，是因为萨摩藩的武士在横滨乡下砍了几个冲撞了大名队伍的英国人，之后又非常强硬地拒绝了英国政府要求道歉的交涉，这才惹毛了日不落帝国，不远千里派了舰队来到萨摩实施报复。

这是一个比较典型的用炮舰轰要塞的例子。

话说那一年7月，英国舰队在旗舰尤里阿拉斯号的带领下，浩浩荡荡地开进了萨摩藩的领海。当时萨摩虽说修了不少炮台，但大炮总共不过80门，而英国舰队这次来，总共携带了100门，其中还有21门是当时世界上最先进的阿姆斯特朗炮，所以不列颠人自信满满地无视了天气以及放弃了战术研究，在一个吹着狂风下着暴雨的天气里，直接把船开到沿岸，进行大肆的炮轰。无畏的日不落帝国的子民充分向全世界展示了大英帝国的船坚炮利，仅数小时的时间内，就造成了350多间民房被毁的惨剧。

但是，因为轰得太开心太上头，英国人没注意到在萨摩的海岸上还是安装了那么几门大炮，所以自然也没考虑到自己的军舰是否在对方大炮的射程之内，于是，"悲剧"就这样发生了。

一发炮弹准确无误地击中了尤里阿拉斯号的船长室，一声巨响响起的同时又冒出了一声惨叫，舰长乔斯林古大尉被轰了个正着，当场就这么挂了。

舰长一死等于是群龙无首，整个尤里阿拉斯号便乱了，大家谁也不知道该怎么着好。就在此时，其他的几门萨摩大炮也一起轰鸣起来，趁机落井下石地将炮膛里的炮弹一并砸向敌舰，最终导致了英国的这艘旗舰重伤而逃。

事后论功行赏，让每个炮手自报自己当时瞄准的是敌人的哪艘军舰以及军舰的哪个位置，轮到小炮手东乡平八郎的时候，他说道："我瞄准的是旗舰的船长室。"

这么说的就他一个，换句话讲，尤里阿拉斯号的船长，是被这位年仅15岁的日本少年给打死的。

在由衷感叹东乡平八郎是个厉害主儿的时候，也不由得让人感到阵阵寒意，要说战争还真是够残酷的，论年龄不过是个初中生，居然就不得不点炮杀人了。

东乡平八郎凭借这一战绩开始在萨摩藩内崭露头角，并被岛津久光亲自安排参加了萨摩的海军，从此往后，便坐在了军舰上乘风破浪，转战日本各处海域，参加了推翻幕府的各种海上作战。不过因为此时的平八郎不过是一个军舰上的炮兵队长，所以也起不了什么决定性的作用，说白了也就是凑个热闹，长点经验罢了。

明治四年（1871年），著名的岩仓使节团成立，在一个叫岩仓具视的公卿的带领下，一帮子日本人准备出国考察外加留学，东乡平八郎也在留学的行列之内。尽管他一开始强烈要求想去学铁道技术，回国好搞搞铁路研究啥的，但被负责这事儿的大久保利通和西乡隆盛一口回绝，然后两位巨头亲自作出指示：你给我去学海军！

之所以我们成不了巨头而那两位能成，就是因为我们很难拥有如同他们那样的敏锐观察力和预见能力。

就这样，东乡平八郎去了英国进行各种航海知识的进修，同时也学习了国际法，就是《万国公法》；顺便对于万国海律丛书，也有了十足的了解。在英国待了整7年之后，他于明治十一年（1878

年）回到了日本，在海军省任职。明治十七年（1884年），又担任了军舰天城号的舰长，然后以军事观察员的身份远赴中国的福建省一带，实地考察中法战争的战况。

当年7月，福建马尾爆发了中法马尾海战，当时法国的舰队总共有10艘，总吨位15000吨，火炮数量77门，而清朝方面的福建水师，共有战舰51艘，总吨位11万吨，各式火炮240门，尽管在装备上不如法国那么先进，但从数量上来看，其优势还是能够弥补质量上的不足的。

然而，开战不过三天，清朝的战舰就被打沉了19艘，受损32艘，等于是伤亡率百分百，福建水师基本上算是全军覆没了。

"只要日本再发展个那么几年，也不见得不能跟大清帝国的海军碰上一碰。"

在看完了整场战役之后，东乡平八郎如是说道。

"这仗居然能被这帮孙子打成这样？这个国家干脆砸烂重建拉倒了！"顺便一说，在看完整个中法战争之后，还有一个人是这么说的，同时也真这么去做了。这个人就是孙中山。

看完隔壁邻居打架之后，东乡平八郎回国继续在海军省上班。

在北洋水师访问之前的几个月里，他当上了吴镇守府参谋长。并且参加了丁汝昌举行的那个宴会。

开完之后，丁提督为了展示大国风范、大国度量，特邀了一些人前去近距离参观定远号的一些机要部位，比如大炮，比如内舱，比如士兵的宿舍。而东乡平八郎也在特邀的行列之中。

参观完之后，又是一顿饭局，吃饱喝饱，大家各回各家，东乡参谋长也回到了自己的家中，第二天再继续上班。

然后，部下便问起了领导："昨天的访问您觉得大清的舰队厉害不厉害？"

东乡平八郎笑了笑:"如果开战的话,我们绝对能赢。"

部下一惊,心想你还真是敢想敢说啊,但嘴上自然不敢明说,只能用很婉转的口气问何以见得?

东乡平八郎说道:"我在参观定远号也就是他们旗舰的时候,看到清国的士兵在船舱的过道里吃面,在主炮管上晾衣服。主炮乃是军舰的灵魂,对它不尊重,怎能打胜仗?旗舰如此,其他的军舰,想必也好不到哪儿去吧?"

属下听完佩服得五体投地,说大人您的观察力也太强了,照您这么说,如果我们和大清打起来,那就赢定了?

"不错,胜利一定是我们的!"

这个故事后来成了很多人对北洋舰队以及李鸿章口诛笔伐的重要材料之一,最早是见于日本作家小笠原长生的《圣将东乡全传》,看这名字就知道,这书其实是圣斗士星矢版的东乡平八郎传记。不过在该书中,晒衣服的炮管是隶属于济远号而非定远号,没过多久,我国国歌的作词者田汉先生便被此书给忽悠了一回,于1940年写在《整建月刊》里的文章中也提到了这事儿,同样写的还是济远号。这是中日两国关于主炮管晾衣服的最早记录。

但事实上,在1891年(明治二十四年)的访问中,济远号尚且在威海卫晒太阳,根本就没有踏上日本的海域。所以在之后的各种史书里,这艘船的名字便被定远号给悄悄地取代了。

再到后来就越传越神奇了,也不晒衣服了,说东乡平八郎看到有人在定远号的大炮管子上晒裤子,没过几年这裤子的裤脚管不知道被谁给裁剪了,变成了晒短裤,最近几年直接就有人在文章上写道,北洋舰队的水兵在定远号主炮管上晒内裤。也不知道再过个几年会不会有人声称他们晒的是自己的工资单。

定远号主炮口径305毫米,相当于一个脸盆,这还是内径,算上外面的话那就是半米，周长150多厘米，你穿多大的内裤才能挂在上面晒啊？也不怕被风吹掉。

再者，根据图纸以及相关数据显示，主炮管离开甲板的距离是3米多，而露出炮罩的部分不足2米，换句话讲，我如果打算在这根东西上晒衣服，那我得先爬上3米多高的炮管，然后挂在1米多的杆子上——这种长度最多晒一件外套。

肯这么干的人不是脑残就是白痴。

虽然我认为确实北洋舰队里的很多士兵乃至军官都不是什么好鸟，但人家也就是走个私，贪个污，打仗的时候逃个命，你可以指摘他们的人格，但不能污蔑或者侮辱他们的智商啊。

不过话又说回来，这一切的史料和史书的真正原版有且只有一个，那就是东乡平八郎本人——那么他到底说过没说过这样的话呢？

答案是说过，从一些当年在他周围的老部下老海军士兵的访谈记录中基本可以得出这么一个结论。

但问题是说过了不一定就真的要见过啊，东乡平八郎是打仗的，不是录像的，他没必要每说一句话都得有图有真相的。他有忽悠人的权利。

忽悠的理由也很简单：告诉部下，对方不行了，所以你行，你不是一般人。很常见的鼓舞士气的手段嘛。

当然，有的事情能忽悠，有的事情就不能忽悠了。

第四章 吉野号

在两次亲眼观摩到镇远和定远的雄姿之后，很多日本搞海军的人士开始明白，如果自己国家没有一两艘能够与之相提并论的军舰的话，那么所谓的超越北洋水师，终究不过是一句空话，而以大清王朝为假想敌，那终究也只是假想而已。

所以，得弄一艘船，一艘很厉害的船。

此时日本的总理大臣叫松方正义，萨摩人，比较擅长玩经济，更擅长生孩子。

曾经有一次明治天皇召他独对，正事儿谈完后便顺便拉起了家常，天皇问他说："松方卿，你家孩子怎么样？"

松方正义想了想，回了三个字："不知道。"

天皇露出了赞许的表情并点了点头，意思是你为了国事连孩子都顾不上了。

接着，他又问了一个问题："松方卿，你有几个孩子？"

松方正义很努力地回想了一分来钟，然后磕了一个头："臣不知道，请容臣回去调查之后，明天再回禀圣上。"

天皇愣住了："你这也要调查？"

"回皇上，臣不敢欺君，但臣真记不清自己有几个孩子。"

他们松方家总共有 15 男 11 女共计 26 个孩子，掰着手指头一个个点过来都要半分钟,也难怪松方正义一时半会儿想不起来。

不过治国跟生孩子不同,要也是那么一笔糊涂账的话可是要出大麻烦的。这道理松方正义很明白,在他上台当总理之后,就表示打算增加大约6000万日元的预算,在未来的10年里打造一支拥有万吨军舰的海军力量,请诸位国会的大爷行行好,批了这笔款子吧。

但是国会没批,这也是当然的。

6000万日元,放到现在都是一笔数目巨大的款子,更何况一百多年前,又不是6块日元,摸摸口袋就给你了。1891年的日本也就是刚刚脱贫,能够混个半饱,离小康尚且还有点距离,要一下子拿出6000万来,简直就是开玩笑,所以松方正义一连说了几次,回答都是一样:对不起,没钱。

就这么软磨硬泡了一年多,依然没得出个所以然来的松方正义辞职了,不过,他辞职的主要原因是内阁内人员不协调,并非是国会不给买军舰。

继任者是初代首相伊藤博文——天皇想来想去,还是觉得这哥们儿最靠谱。

靠谱的伊藤博文上台之后,本想把海军军费这事儿先缓缓,毕竟松方正义前脚走他后脚一来就跑国会逼债般地要钱实在显得有些不厚道,可不承想,他倒是准备厚道,可偏偏就有那不厚道的——一听说伊藤大人当首相了,海军省的人立马就来了,而且还是海军大臣亲自跑了过来,哥们儿一脸的苦相哀求说总理大人,您看是不是给点钱?没有6000万那至少先给个3000万吧,我们这儿的船都快买不起煤了。

时任海军大臣叫桦山资纪,鹿儿岛人。这人性格豪放,敢说敢做,是典型的萨摩人。

且说在明治二十四年(1891年)的帝国议会上,正是他向松方正义提出要 6000 万的建设资金用于海军建设，结果被国会喷得体无完肤。议员们纷纷表示这钱数额巨大，多半会被你们海军贪污，你在问我们要钱之前，先把海军的反腐工作搞好吧。

在这一片责难声中，桦山资纪突然从座位上站了起来，然后毫无征兆噌的一下蹿上了主席台，抢过话筒便是一声怒喝："你们这帮孙子懂个屁！"

顿时全场安静了。

"什么节省经费，什么狗屁休养生息，你们最好把照子放亮一点，没有老子这腐败的海军省，谁来保护你们让你们在这里吵吵嚷嚷？你们难道还不明白你们能坐在这里扯淡是托了谁的福啊？！还不是我们当兵的！"

这就是日本史上著名的"蛮勇演说"，虽然相当拉风，但结局可悲：桦山资纪当场引发众怒，请求经费的提案几乎是被全票否决。

松方正义走人之后，桦山资纪眼见当年大力支持过海军的伊藤博文上台了，于是又忙不迭地跑来哭穷，差不多是声泪俱下，比要饭的痛诉悲惨家史还要让人动容。虽然这哭得实在是没天理。

日本自明治五年（1872 年）创立海军省之后，其实从来就没有停下过发展的脚步。长崎事件之前的明治十八年（1885 年），日本就已经有了三艘英国原装的主力舰，此外还有在横须贺船厂里建造着的其他几艘军舰，虽然排水量均未到 2000 吨，可那也是军舰啊，不是渔船，而且还是自己造出来的。

从总体数据来看，明治九年（1876 年），日本的海军军舰总吨位不过刚刚一万出头，军费预算也不过占国家总预算的 17%（其中海军 5.8%），而到了明治二十五年（1892 年），不光军舰总吨位已经超过了五万，整整翻了两番，同时军费预算也占到了总预算的27%（其中海军为9.6%）。

所以伊藤博文跟桦山资纪说你能不能别跟黑社会讨债一样追在我屁股后面要钱，你们海军我最清楚了，不算民间捐款，从明治维新以来官方投入的金钱都已经超过一亿日元了，还哭穷，还没煤，至于吗？

桦山资纪毫不犹豫地点了点头，说至于。

他的理由只有一个——清国的北洋水师，至少已经投了十亿日元。

这下伊藤博文头大了，这年头人跟人一比，那就是个无底洞，日本才多大的地方，多少国力，能跟大清比吗？能拿出大清预算的十分之一来建设海军，已经是竭尽全力外带刮了一大笔人民血汗钱了，你桦山资纪还想怎样？要不然你明天上皇宫那里瞧瞧，看看有什么金银财宝揣兜里就走拿出去卖点钱？

话说到这个份上，桦山资纪明白想要3000万是肯定不可能了，于是只好表示那就打个折吧，你先给我300万，先让我买一艘船吧。

伊藤博文几乎是条件反射地问：什么船？

桦山资纪说早在明治二十四年（1891年）初还是山县有朋当总理那会儿，就已经跟英国的阿姆斯特朗造船厂说好了，让他们造一艘船给我们，连定金都给了。

言下之意就是你现在不给钱续费的话，那么定金都要不回来，白白损失一笔。

伊藤博文不作声了，他知道这事儿。

在明治二十四年（1891年）的时候，日本确实有问阿姆斯特朗造船厂要过一艘船，按照那会儿的国际惯例，一般是订货的同时一次性付清全额货款，只不过这船当时售价273万日元，明治政府一下子拿不出来，可又舍不得放，于是只好跟他们商量，说先付个定金吧，后面的钱等手头宽裕了再说。英国船厂倒也好商量，非常爽快地就答应了，当然，并非白答应，在收取定金的同时，他们还跟明治政府签了好几项商贸合同，又趁机卖出了好几条商用船给日本，赚足了好处。

日本之所以不惜用买一绑几的手段也要拿下这艘船，那是有原因的。

根据订单合同显示，在出厂之后，这条船应该是这样的：排水量高达4150吨，舰长109.73米，后者已经超过了清朝最强的定远号铁甲舰。军舰的甲板宽度为14.17米，吃水5.18米，水线附近纵贯全舰敷设了穹甲甲板，穹甲中央隆起的部位厚一又四分之三英寸，两侧坡面斜向水线下的部分厚度为4.5英寸。舰体识别线黑色。

此外，该船正常载煤400吨，最大载煤1000吨。并配备了堪称天下第一的动力系统——采用了台立式4汽缸往复式蒸汽机，配合12座高式燃煤锅炉，可以获得15000匹马力的澎湃动力。这还只是表面文章，实际建成后测试时采用强压通风技术，竟然达到了23031匹马力，驱动2个螺旋桨，航速为23节，这速度在当时是不折不扣的世界第一。

而在火力配置方面，它大量装备了当时被中国称为快炮的大口径速射炮。主炮选用4门英国生产的6英寸40倍口径速射炮，火炮膛长6096毫米，弹头重45.4公斤，初速671米/秒，有效射程8600米，射速7发/分。其中2门分别安装在军舰首尾楼甲板上，另外2门的安装位置则比较特殊，分别布置在首楼末端主甲板两侧的耳台内，显然是出于船头对敌作战时获得最大火力的传统设计思路，因为这样该舰在舰首方向就可以得到3门6英寸主炮的火力。为了使安装在耳台内的这2门6英寸炮的前向射界更为开阔，首楼尾部各向内侧削去了一块，这一独特的设计，也是识别此舰的重要外观特征。从安装了 6 英寸主炮的耳台再往后，军舰两舷至尾楼之间还设计有多达 8 个耳台，各配置一门 4.7 英寸 40 倍口径速射炮，形成了密集的舷侧火力，这些速射炮同样是英国制造，膛长 4801 毫米，弹重 18.1 公斤，初速 467 米/秒，有效射程 7000 米。这些恐怖的大口径速射炮均采用了厚度为 4.5 英寸的后部敞开式炮罩进行防护，除此之外该舰的武备还有密布军舰各处的 22 门 47 毫米口径哈乞开斯单管速射炮以及多达 5 具的 14 英寸鱼雷发射管和舰首水下锋利如刃的撞角。似乎是嫌这些武器的威力还显不足，想为之增加一点脚注，设计师还打算给该舰配备上刚刚问世不久的专用火炮测距仪，这意味着它火炮的瞄准、测距将更为准确、便捷，战斗力几乎可呈倍数增长。

总体来说，这是一艘跟定远、镇远一个级别但很多方面远胜于其的军舰，只不过是卸除了定远、镇远的装甲用以提高速度罢了。玩过游戏的人都知道，这叫作减防增速。

相信话说到这里很多人都已经猜出来了，没错，这艘船就是后来大名鼎鼎的吉野号。

关于此船，在中国历来有很多故事，最出名的不外乎这本是大清先看上的船，连订单都下了，结果却因为慈禧太后造园子，挪用了海军的军费，以至于北洋水师没钱买舰，而日本方面上下齐心，有钱出钱有力出力，最终凑足了昂贵的货款，拿下了吉野号。

这是一个很大的谣言，或者说是一个很大的误会。

大清或者说北洋方面跟阿姆斯特朗公司的确有生意往来，也确实下了订单订了一艘性能跟吉野号没差的船，同时亦跟别人正在争购中，不过，那艘船既不是吉野号，争购的对象也并非日本。

北洋看上的那艘是阿姆斯特朗公司生产的吉野号同型系列产

品，该舰配有8英寸炮2门、6英寸速射炮10门、47毫米速射炮12门、鱼雷发射管5门，除航速慢半节以外，火力和装甲都在吉野号之上。

然而天有不测风云，北洋当时刚好短钱，也就只能先下了个订单，然后再满世界凑钱，结果正在这个当口，被智利给横刀夺爱先买走了。本来经过反复交涉，智利人都同意加点钱转让了，没想到北洋筹钱筹了大半年都没拿到仨瓜俩枣，不得已人也就自己用了，还取了个挺好听的名儿，叫布兰科号，比一听就觉得是卖牛肉饭的吉野号文艺多了。

反正不管是布兰科号还是小甜甜号，都跟吉野号或是吉野家没半毛钱关系，清日两家各买各的船，并不存在互相抢购的问题，日本人也绝非是因为你看上了所以我要抢走你的心态来买船的。

事实上山县有朋之所以宁可跟阿姆斯特朗船厂签一堆有的没的的合同也要拿下这艘船，其原因说到底不过一个——那是一艘不可多得的好船罢了。

再说那伊藤博文在听完桦山资纪的真心哭穷之后，表示自己愿意试一试，再跟国会要求一下，让他们先把买船钱给批出来。

然而，自从上次桦山资纪那有名的"蛮勇演说"之后，国会对海军省的人已经形成了一种天然的排斥感。一听说首相又来帮海军要钱了，议员们的反应那是相当统一——大家没有二话，人手丢出一张反对票，同时表示国家穷，没办法，还是先做点别的，等有钱了再说买船的事儿吧。只要有钱，你别说买吉野号了，你就是在军舰上开吉野家，我们也批给你。这没钱，你说出大天来，那也没辙。

伊藤博文一看这种情况，也就不多说了。直接撇开这帮议员去了皇宫，也不管天皇是不是上班时间，就嚷嚷着有紧急要事要见天皇。

天皇还算是给面子，尽管此时他已经下班了在喝茶，但还是利用了宝贵的业余时间抽空出来接见了伊藤首相。

进门打过招呼之后，伊藤博文开门见山："皇上，丁汝昌的北洋舰队您应该知道吧。"

天皇表示自己知道。他的确知道，不但知道，还在皇宫里接见过以丁汝昌为首的舰队高级干部。

"北洋舰队对于我们日本而言，是一个很大的隐患。"伊藤博文直言不讳。

天皇沉默了一会儿："那么，你意下如何？"

"臣认为，只有建设起一支能跟他们相提并论的海军力量，才是上策。"

天皇说我同意，你赶紧去建设吧。

伊藤博文则表示国会那帮人忒小气，不肯批款子，纵然自己想去搞海军，那也是巧媳妇难做无米之炊。

于是天皇又沉默了。

根据宪法，不管是贵族院还是参议院，虽说天皇能随时解散并拥有任命权，但并不代表他能控制人家心里想什么。别人对建设海军这事儿投反对票，天皇也没法子把人家的那颗心给扭转过来。可如果为了这么点芝麻绿豆大的事儿解散国会重新洗牌再来又似乎太小题大做了一点。

想来想去，他对伊藤博文说道："这样吧，关于建设海军预算的事情，你暂时先不要提，等我让你去的时候，你再提交这份议案，如何？"

伊藤博文也不知道这神仙哥哥到底想干吗，不过眼下也只有这一个办法了，于是就答应了下来。

数日后，明治天皇亲临国会，在亲切慰问了诸议员之后，他站上了主席台，说是要发表演讲。

从议长到议员自然是求之不得，连忙正襟危坐宛如小学生一般肃然起敬地洗耳恭听。

天皇清了清嗓子，然后开了腔："朕认为，海军对于国家而言是非常重要的，而国家目前的实际困难，也是不容置疑的，但朕仍衷心希望，在这种困难的局面下，大家能齐心协力，建立起一支强大的海军来。所以，朕决定，从朕与皇后的私产中，拿出30万日元来，捐给海军省，用于购置军舰。"

说完，天皇表示自己说完了，你们自己看着办吧。接着也不等人请、不等人恭送，径直离开了主席台。

又过了数日，国会把钱批了。

你可能会问，就这么简单？

对，就这么简单。哦，不对，我忘了一件事儿，那就是天皇在国会的这段讲话当天就被传到了民间，日本老百姓也踊跃起来开始为吉野号捐款，捐款数额其实并不多，至少比起当年造三景舰的时候来要少不少。这是因为此一时彼一时也，三景舰那会儿发行的是国债，以后连本带利还你的，而吉野号这会儿是纯捐款，不还的。

还一个就是老百姓在捐款的同时，还口口相传天皇的讲话内容，结果是越传越离谱，等传到中国的时候，就已经变成了另一段话——"在我大日本帝国海军打败清国之前，朕决定一天只吃一个饭团。"

这不是扯么，你自己翻翻明治天皇的起居录，那小子在甲午战争之前光吃牛排的记载就有好几处，而且他还保持着很多良好的锻炼习惯——比如每个星期都有好几天下午骑半天马，你相信那是一天只吃一个饭团子的人干出来的事儿吗？你不信你一天只吃一个试试看，别说骑马了，你连坐板凳的力气都未必能拿得出来。

吉野号被日本买下来的真实情况就是：当时清朝要买另一艘，于是吉野号被日本看上，先在山县有朋时代付了定金，并以国家商业利益为交换，再在伊藤博文上台之后找国会批余款。国会一开始不批，最后天皇出面大家只好买账，就这样，船买来了。

唯一值得说道说道的地方就是国会为什么会买天皇的账。

如果你告诉我说国会嘛都是日本人，日本人当然忠君当然买账了，那我只能说你是在想当然。

议员不理首相，这是对的，因为首相跟他们没有关系，他们既不是首相选出来的，也不靠首相发工资吃饭。

可天皇就不同了，贵族院的议员们由天皇亲选，只要天皇这天没有光吃一个饭团子饿得坏了脑子，就不会选跟他作对的刺儿头，所以我们可以说，贵族院的议员们，其实都是天皇的帮众，不是进了贵族院才忠君，而是忠君了才能被选上进贵族院。

那么众议院呢？众议院的议员是选民选的，天皇本人无法决定由哪些人来担任了，想要他们听话怎么办呢？其实也很简单，给钱就行。

不要以为开了国会就民主了，就清平世界、朗朗乾坤了。做梦吧，那就是个形式，有了国会，国会议员照样腐败，照样受贿，包括受天皇的贿。

这绝不是什么天方夜谭，事实上自打日本有国会的那天起，就同时有了贿赂议员的习惯。在国会刚刚成立那会儿，首相还是山县有朋，为了通过增加赋税的提案，他往往会收买反对派议员，每次费用通常是议员年收入的五倍。从陆陆续续的记载来看，光是山县内阁当政期间，用于收买国会议员的费用就高达10万日元——当时1000日元就能在东京市中心买一栋小洋楼，山县有朋哪里来的那么多钱？

答案是，天皇给的。

"首相山县，从天皇那里获取资金用于贿赂议员，不过据说也有一部分钱是自掏腰包的。"曾两次出任内阁首相，历经孝明、明治、大正、昭和的四朝元老西园寺公望在自己的日记里如此写道。

根据宪法，首相由天皇任命，所以我们可以认为，首相的意愿就是天皇的意愿，两人同心同德穿一条裤子；而反对首相的那些议员，其本质上就是在反对天皇，对于这些人，要么在半夜里叫人把他弄死尸沉东京湾，要么就想点办法把他收编成自己人。对此，天皇选择了后者。

国会肯批款让桦山资纪去买吉野号，绝不是他们有多爱国。这帮孙子真要论起节操来只能说他们就没有节操，只不过天皇出面了，拿了人的手软了，没办法了，只好给钱了。

所以你不要再说什么一个励精图治的政府对决一个腐朽没落的政府，其实两家当时的情况纯粹是难兄难弟一对宝货，充其量是一个腐败的政府 vs 一个更腐败的政府罢了。

话既然说到这里，那就让我们来看看另一个更腐败的政府现在正在干什么吧。

当得知了日本在英国那里付清余款，成功购买了吉野号之后，机智聪明的李中堂立刻明白自己变成对方的假想敌了，于是也毫不示弱地开始了筹钱大计，准备买下之前我们提到过的那艘被智利人买去的布兰科号军舰。

结果你已经知道了，因为没钱所以没买成，在这里，我们来把过程详细地说一下。

当年东乡平八郎非常不解，为何五六年来清国水师除了把名字换成了北洋水师之外，其余的几乎再无变动——既没添加新船，也不曾好好保养原有装备，这是为什么？

原因其实很简单，没钱，或者说，有钱，但不给他们。

在说明白到底是谁那么不是个玩意儿有了钱也不肯给之前，我们先来给某人平个反，那就是慈禧太后。

一般我们的普遍认知是，北洋水师多年来不曾换过装备添过新船的原因是没钱，而没钱的原因则是慈禧太后挪用了海军的军费，用于修颐和园以及传说中的三海工程（北京的南海、中海、北海）。

颐和园跟三海工程很花钱，这是真的；花过北洋水师的钱，这也是真的，但是，你要说北洋之所以没钱花都是因为这俩工程给闹的，那就不对了。

慈禧修园子到底用了海军多少钱，这多年来一直很有争议，通常的说法是 2000 万到 3000 万，这主要源自于日后的维新党人，也就是康有为梁启超那伙。他们跟慈禧的关系你是知道的，恨不得说地球生态被破坏臭氧层空洞都是老太太给弄出来的，实际上也确实如此，在维新党人的红口白牙里，慈禧用海军军费造花园的最高数据为白银八千万两。

这只能说是在扯淡。康党的言论，本身就是用于攻击的夸大之词，当真你就输了。

但凡还心存半点常识，你就该明白，海军衙门除非是疯了，不然不可能拿出 8000 万两白银来给老太后修园子，老太后本身也不可能狮子大开口要那么多。要知道，当年大清一年岁入，才不过八九千万。

事实上，整个三海工程总共花费不过 600 万两白银，其中，在公元 1885 年到 1894 年之间，从海军衙门军费里借用了 437 万两，注意，是借用，不是挪用，这笔款子后来被如数归还了。

然后是颐和园，园子工程总共花费白银 1000 万两，其中一大

065

部分是挪用于海军衙门的经费。这里确实是挪用，拿了之后再没还过，具体数额最多为750万两。

最少呢？我见过的资料里，关于慈禧修三海修颐和园用掉海军军费的钱款数目里，最小的数字记载为230万两白银出头。

当年买定远、镇远两艘船总共花费为340万两，不过那是公元1880年初的事儿了，十来年之后算上物价上涨之类的因素，750万两白银基本也就只能买到三艘这样的船；而且考虑到大清当时海军工业基础极度薄弱，船买回来之后的修整年检还得花钱，所以即便是慈禧太后修园子用掉的750万两还给海军，也未必能做出多大的成绩来。

北洋水师真正没钱的原因并不在于老太太，而是出在另一个人身上，那就是掌管着大清钱袋子的时任户部尚书，翁同龢。

翁同龢，历任同治、光绪两代帝师，人称翁师父。

光绪十二年（1886年），翁师父入主户部，正式掌管大清财政。我敢说，这绝对是大清的一大厄运。

翁同龢这个人，大致类似于元田永孚这种角色，满腹经纶、学富五车。你让他说《论语》第三页第五行是什么，《孟子》第三十五句第一个字怎么念，他能头头是道说上个小半天，但你要问他怎么增加国家财政收入、怎么把收入合理分配到各个部门、怎么搞国家建设、怎么让大清战胜日本，那就完蛋了，老头几乎不会。

这种人说老实话，放到宫里养着让他教教王子王孙念个书都怕带不好孩子，更别说叫他出来治国安邦了。

你没看同治跟光绪那俩活宝么，都是他翁师父给教出来的，结果一个逛八大胡同愣是弄了一身杨梅大疮回来，还有一个其实也是个吃啥啥不剩干啥啥不成的主儿，只不过被康党吹捧成了英明君主，实际上就那么回事儿，章太炎怎么说他来着的？对，载湉小丑。

再说那翁师父当了户部尚书之后,大小政令发了无数自不必说,关于李鸿章和北洋水师的,倒也有那么几条。

先是光绪十三年(1887年),因为郑州黄河决口,户部拨款救灾,翁同龢趁此机会上了一道折子给朝廷,题目叫《筹备河工赈需用款办法六条》,就是筹救灾钱的6个办法。其中,在第六条里他写道:购买外洋枪炮、船只、机器等项及炮台各工拟令暂行停止也。

就是从今以后要想从洋人那里买枪炮船舰之类的事儿,一律不给钱了。理由是这钱要拿来救灾,防灾。

这显然针对的是洋人军火商的最大客户——北洋水师。

光绪十四年(1888年),李鸿章奏请修建从通县到天津的铁路,要求户部拨200万两给北洋。慈禧太后本来都准了,结果翁同龢跳出来反对,表示户部不会给这钱,理由是这铁路大清能用,洋人也能用,搞不好哪天就利用了这到通县的铁路,快速抵达北京攻占京师了。

对此,李鸿章也只能表示无语并且作罢,虽然他怎么也想不明白翁师父为何不在拒修铁路之前先把全国的农田给毁了——大清要吃饭,这洋人又岂是不食人间烟火的神仙?

类似李鸿章要钱翁同龢打死也不给的情况还有很多,在此就不一一列举了,总结起来就是一句话:要钱,不给;要命,拿你自己的去。

之所以不给钱,是因为翁师父跟李中堂有仇,家仇。

这还要从几十年前闹太平天国那会儿开始说起了。话说翁同龢他爹叫翁心存,还有个哥哥叫翁同书。翁心存是一代大儒,当过咸丰帝的老师,而翁同书在洪秀全闹腾的时候担任安徽巡抚,以上是背景。

当时安徽的省会在安庆,太平军攻来的时候,无能抵挡的翁同书不得已弃城逃走，跑到了定远。数月后，太平军攻定远，哥们儿又逃到了寿州；接着，连寿州都没能守住，又弃了逃到别处，就这样，堂堂安徽巡抚几乎没怎么抵抗就差不多把整个安徽给弄丢了。

这种行为彻底惹毛了当时正负责对太平天国作战的战场总指挥曾国藩。他是恨得牙根都在疼，好几次都提笔想参翁同书一本，但好几次拿了笔却又放了下来，因为翁同书是翁心存的儿子，这一本要参得不好，非但翁同书安然无恙，反而曾国藩本人还会得罪整个翁家，以后指不定会给自己添多少麻烦。而且，曾国藩明白，自己在文章方面并不擅长骂人吐槽，纵然是写了，也未必有太大的杀伤力。可要不参他吧，这哥们儿做的事情又实在是天理不容。

正在曾文正公左右为难之际，一个人站了出来，主动请缨表示：放着我来。

提笔龙飞凤舞一番之后，一篇杀伤力罕见的经典奇文就此出炉了。文章字不多，六百余，但却句句切中要害，摆事实讲道理之间思路清晰、有条不紊，既算准了朝廷会照顾翁家的这一心态又痛陈翁同书不除不足以平众怒。

闲着没事儿给曾国藩捉刀写这文章的，不是别人，正是李鸿章。

奏章呈上去之后，朝廷果然震动，但仍是考虑到翁心存乃帝师，只判了翁同书一个斩监候，也就是死缓。

而老头子翁心存一听儿子当了死囚，本来就年纪大了身子骨不好，又急火攻心，愣没熬过去，在同治元年（1862年），两眼一翻，吹灯拔蜡了。

朝廷一看这事儿，觉得也怪不好意思的，于是又减了翁同书一等罪，只定为充军，于翁心存死的同年，将其发配伊犁。

还是当年，翁同书的儿子翁曾源高中状元，这小子曾患有羊角风。显然，是皇恩的浩荡，朝廷的照顾。

平心而论，翁家这事儿，朝廷真的是开了天恩。太平天国那会儿丢城失地的大有人在，比他翁同书官高爵厚的也为数不少，但只要是干犯了天条，别说巡抚，哪怕总督，该杀的杀该关的关基本没有手软的，更别说什么让你死罪变死缓，死缓变充军还给你那羊角风儿子送个状元，听都没听说过。

所以朝廷可以说是待翁家不薄，而且翁同书又确实是死罪，你翁同龢本不该再去恨这个恨那个，可他还偏偏就不干，偏偏就恨上了李鸿章。因为在翁同龢的逻辑里，李鸿章上奏朝廷参翁同书是导致他哥充军他爹翘辫子的罪魁祸首，至于安徽巡抚丢了安徽本身就该千刀万剐这茬儿，他貌似是从来都没想过。

既然恨上了，那就要报复。报复的手段前面说了，要造铁路，不给钱；要买军舰，不给钱；要买炮弹，还是不给钱，总之是利用自己的职权竭尽全力地向李鸿章开炮。

说句老实话，翁同龢这种人其实是我比较不待见的类型，有本事下了朝之后朝阳门外带上你的家丁跟李鸿章约架去，在国家大事上报家仇雪私恨的算什么男人。

不过，尽管我们确实有理由认为翁同龢不是个东西，但这也并非表明李鸿章就是"但留清白在人间"了。当时智利人把布兰科号转手卖给北洋时，开价折合白银206万两，事实上，李中堂的私有存款，远在这个数之上。根据记载，李鸿章在汇丰银行存银107万两、德华银行存银44万两、怡和洋行存银56万两、开平矿务局领存52万两，总计260万两左右，而这还仅仅只是私产的一部分。

说到底，对于北洋水师，翁同龢跟李鸿章的心态是相互矛盾的：翁师父认为，这北洋是你李大人的私产，更何况你李二又坑死了我父兄，所以我绝对不会从朝廷的银子里多给你一分钱让你壮大私人羽翼；而李中堂则觉得，北洋水师说到底是大清的水师，理应由朝廷拨款建设,自己的私产那是给老婆孩子用的,没道理花在买船买炮上。

到底谁对谁错,智者见智,仁者见仁。总之,北洋水师因经济问题而多年不曾添置舰船这是事实,但你真要说它是穷到底了,没钱了,那似乎也不靠谱。至于说是因为慈禧太后挪用了海军的钱去修园子才导致没钱买船,这是扯淡。

事情的大致情况,基本就是这样。

第五章 半岛风云再起

明治二十七年（1894年）三月二十八日，在上海一家叫东和客店的旅馆里，一个身穿朝鲜民族服装的男子偷摸进了一间房间，而房间的主人此时正躺在藤椅上午睡。

在确认藤椅上的人是真睡着而非假寐之后，该朝鲜服男子淡定地从怀里掏出了手枪，瞄准之后，扣动了扳机。

一连三声枪响过后，午睡男子左颊、左胸、左肩分别先后中弹，当场死亡。

死者不是别人，正是金玉均。

话说这家伙当年随竹添进一郎逃到日本之后，就开始了自己的混饭生涯，从亡命开始到被刺杀，整整十年，生活非常凄凉。

虽然日本那边有不少同情支持他的人，比如福泽谕吉，再比如后藤象二郎等人都在不断地给予他资助，福泽老师更是把自己家的房子都拿出来免费借给他住；但实际上在日本官方看来，金玉均本质上就是个包袱，既已失去了作用，又很有可能给自己带来麻烦，但也不好意思把他给丢了，故而只能是冷遇，就是不理他，不管他再说什么要在日本的帮助下去朝鲜输出革命之类的话，都不再有人理了，只管他三餐温饱，不再过问其他。

同时，在流亡的十年里头，朝鲜方面的刺客从来都不曾间断过,这主要得归功于袁世凯。且说当年金玉均刚离开祖国不久,袁大人就献计献策给高宗李熙,说这厮以后必然还要作乱,但日本人又不可能把他交给你们处置,所以唯一的办法就是找壮士一名,把他做掉。

一方面是日本的冷遇,一方面是同胞的不断行刺,使得金玉均对日本心灰不已。正在此时,一个叫洪钟宇的朝鲜人来到了东京,拜会了金玉均,说你在日本活得那么悲催,还不如去投靠大清北洋大臣李鸿章的儿子李经方,素闻你们相知已久,此事必然能成。

金玉均跟李经方当年确实有过不少往来,关系也的确很不错,所以小金觉得言之有理,但又怕对方是倒钩来诓害自己,便犹豫不决了起来。

洪钟宇一看这情形,也不着急,先拱手告辞,数日之后再度来访,同时身边又多了个人,此人叫吴升,是清国使馆的书记兼翻译官。吴翻译一见到金玉均就连连行礼说我在大清的时候就时常听起李经方李大人提起尊驾,今日一见果然有英雄气概云云。

于是金玉均信了,决定离开日本,坐船去大清。

他不知道,这洪钟宇确实是倒钩,想把他骗去中国行刺,而这吴升,则是托儿。

就这样,一行人在1894年(明治二十七年)的3月27日,坐西京丸商船来到上海,找了个旅馆住下。3月28日下午2点,正在午睡中的金玉均被三枪打死,离开了人世,享年43岁。

再说他被暗杀之后,日本方面立刻派人赶赴上海交涉,想把遗体给领回来,结果清政府不肯,转而把尸体给了朝鲜人,还把凶手洪钟宇一并交还给了朝鲜政府。

之后,朝鲜政府以谋逆之罪判处金玉均死刑,因为人只能死一次,故而只好在尸体上做文章,先是将其千刀万剐,然后把首级高悬在汉城西郊杨花津的要冲处。

对此，那些跟金玉均交好的日本人虽然是万分不爽却也无可奈何，只能弄了一口空棺材在东京给金玉均办了一场没有遗体的遗体告别会，然后再做一个衣冠冢。

此事到此明面上也就算是告一段落了，但实际上根本就不是那么一回事儿。无数的日本政客都对金玉均被暗杀一事感到愤恨不已，对清朝无视日本要求且包庇凶手甚至涉嫌在背后指使的行为更是怒火中烧，纷纷叫嚣要与大清一战，两国的关系实际上已经到了一个随时都有可能发生战争的恶化程度了，就连参谋本部次长川上操六都表示，日清两家距离战争，只差一把火了。

而这火，很快就被点了起来。

同年4月26日，一场农民战争在朝鲜的全罗道爆发，带头的叫全琫准，他不是一个人，他身后有兄弟千千万，统称东学党。

所谓东学党，就是信仰东学教的人。所谓东学教，也称天道教，算是朝鲜的一种本土宗教信仰。这玩意儿起源于公元1860年左右，开创者叫崔济愚，一开始还不叫东学教那么文艺的名儿，而是叫神仙术，或称遁甲藏身法，听名字你就知道了，要么是骗人的，要么是魔术。事实上其本质也确实如此，崔济愚的日常工作除了劝人入教之外，一般就是在街头耍把戏，比如脚踩碎瓷片、胸口碎大石之类，不过因为演得逼真，所以信者众多。渐渐地，神仙术遁甲法这种俗气的名字也就不能再用了，于是便改称东学教，同时还弄了一个挺像模像样的教义，说是神与人之间无须媒介，可以直接交流，每个人体内自有神灵，只要你潜心修教，就能与神合为一体。

简单说来就是只要你信我的教，就能成神。这话我总觉得看看眼熟。反正这么一来，东学教的信徒便更多了。

俗话说人怕出名猪怕壮,这崔济愚人气日渐高涨很快就引起了当局的关注。在一番调查之后,朝鲜政府认定这哥们儿玩的是坑爹把戏,而且每回坑爹必定云集上百信徒,很有聚众滋事的嫌疑,于是便宣布东学教是邪教,并且实行取缔。而这崔济愚却是铁了心要跟政府对着干,明着不让传他就暗地里搞老鼠会,先宰熟后杀生,一个一个往下蒙。很快,被取缔过一次的东学教队伍又壮大了起来,尤其是在崔济愚经常活动的尚庆道、全罗道和忠清道三个地方,信教率特别高。

结果朝鲜政府听说之后又坐不住了,这回就不是取缔了事了,而是直接把崔济愚抓了起来,并且判了死刑。本以为这么一来东学教就该群龙无首、销声匿迹了,谁想到事与愿违,它非但没能消失,反而还愈加壮大,特别是在全罗道,在崔济愚的继承人崔时亨的宣传下,就连很多地方官员也信了东学教,要跟体内神灵合二为一。基于这种情况,朝鲜很多地方政府不得不默认了东学教的存在,而东学党人的胆子也愈发壮大,很快就不满足于自己这种处于合法与非法之间的灰色地位了,转而开始寻求光明正大的传教权利。他们数次直接上书中央朝廷,要求给崔济愚昭雪平反,同时再承认东学教的合法地位。

虽然上访多次无一成功,但通过这么多次的闹腾,教派信徒的数量也成倍地增加了,这除了要归功于宣传到位之外,更大的原因在于时势。

当时的朝鲜,说句实话,已经差不多快完蛋了。

本来这地方就不怎么有钱,再被大清跟日本两国这么一瓜分,各种倾销各种控制,外加朝鲜政府本身也不断压榨老百姓,使得贫富差距极大,有钱的天天烧钱取暖,没钱的直接饿死街头。当时有一首广为流传的歌谣,说"金樽美酒千人血,玉盘佳肴万姓膏。烛泪落时民泪落，歌声高处怨声高"，说的就是那会儿的朝鲜。

虽然朝鲜政府本身还尚未觉察到那巨大的危机，但很多旁观者却已经非常明了了，像俄国驻华公使卡西尼就在写给沙皇的报告中称："全朝鲜陷于沉重而日益增长的激愤情绪已有相当时日，这种激愤情绪极易转变为公开的暴乱。"

这并非是他的一人之见，很多人都这么看，比如袁世凯。

虽说《天津条约》里头规定要清日两国撤军并不派军事顾问，但是这老兄还是留了下来，不过当然不能再继续用以往武官的身份了，而是换了个头衔，叫驻扎朝鲜总理交涉通商事宜大臣，官居三品顶戴，主要工作内容是代表大清掌控朝鲜的一举一动，以遏制日本和沙俄对朝鲜的渗透，说白了就是朝鲜的太上皇。而这位太上皇对朝鲜即将发生的一切也是一清二楚，数次写信回国让大清随时做好应对朝鲜民变的措施。

还有一个人也充分预见到了未来的情况，那便是日本的驻朝公使。此人跟袁世凯一样，每次和东京联络的时候都要跟祥林嫂似的反复念叨说朝鲜要出大事了，你们快来呀你们快来呀。在他看来，朝鲜一旦有乱子，就是日本趁虚而入的最佳时机，所以必须提前做好一切准备，随时杀进朝鲜，再想点办法赶走清朝势力，从而独霸半岛。

这人叫大鸟圭介，日本近代著名的军事理论家，请注意"理论"二字。

据坊间传闻，他最大的爱好是堆沙盘搞推演以及跟某人拌嘴吵架，不过后者仅限于明治二年（1869年）之前，因为该吵架对象就是死在这一年的。

那人要比大鸟圭介有名多了，相信你多半听说过，叫土方岁三，新选组副长。

说起来大鸟圭介其实本是德川家的家臣，也就是幕府那一方的，明治维新那会儿，他负隅顽抗地跟一个叫榎本武扬的人逃到了北海道，又和一批志同道合的幕府旧臣一起建立了虾夷共和国（虾夷是北海道的古称），旗帜鲜明地跟明治政府搞对抗。

当时大鸟圭介担任的是虾夷共和国的陆军奉行，也就是陆军大臣，他的副手就是土方岁三。不过前者是典型的理论型人才，说起来头头是道可做起来却一塌糊涂，一辈子兵书写了一大堆可就是没打过胜仗，人送外号常败将军；而后者恰好是摒弃理论只讲实战的实用主义者，从小到大不知道孙子兵法六韬三略，但当年带着新选组叱咤风云，在京都杀得那些萨摩长州的武士只恨爹娘少生了自己两条腿，日本人称鬼副长。

由于他俩的八字严重不合，所以两人在北海道共事的时候，经常为了战略方针大吵特吵，但渐渐地似乎也吵出了感情，变成了一对好朋友。

据说土方岁三战死之后，大鸟圭介悲痛得不能自已，把自己辛苦制作的沙盘地图给砸了个一干二净。

我不是故意要把话题往新选组方向引，只不过就个人的眼光来看，土方岁三确实和另一个将与大鸟圭介结下不解之缘的家伙非常相似，那便是袁世凯。

虽然两人看起来八竿子打不到一块儿，但实际上共同点却不少：首先是两人的出身都是富而不贵。袁世凯之前说了，家里有钱没错，但却没有功名，连个秀才都是捐来的。而土方岁三也一样，尽管名义上是武士，但却是标准的农民出身，早年连带刀上街的资格都没有，但他们家倒是很有钱，系当地远近闻名的豪农；其次，两人的行事作风也颇为相似，不吝杀人却也不滥杀无辜。袁世凯自不必说，死在他手上的人反正我是数不过来的，同样，土方岁三当年担任新选组副手的时候人送外号鬼副长,除了对那些整天在京都街头搞攘夷的尊攘分子大开杀戒之外,还定出一套局中法度专门用于约束内部人员,只要违反就一律以血肃清,被他弄死的新选组自己人都有好几十个,其中不乏位高权重的新选组初代老大芹泽鸭、总长山南敬助、军师武田观柳斋、参谋伊东甲子太郎等,但是,你要真说在这两人刀下的尸体里头,有哪些真的只是普通一路人、无辜百分百的,似乎也不怎么存在,保险点说的话就是很少。我这人主要扯淡日本史,对袁世凯本身并不算熟,不敢夸口打什么包票,但至少土方岁三我敢保证,他鬼副长的刀下,几乎没有屈死鬼;第三,两人都是相当标准的实用主义。袁世凯纵观其一生,什么有用他做什么,从练新兵到练新政,无一不从"实用"二字出发,就连最后做皇帝,也有说法认为他并非只想图一个虚名;至于土方岁三,其本人就曾多次自我标榜是一个近乎织田信长的实用主义者,只要有用的,他都会搞拿来主义,且接受新生事物的速度非常快,不会带有一丝一毫的犹豫。比如在伏见鸟羽战败之后,土方岁三就说过这样的话:"从今往后,只要打仗,那就只能靠铁炮和大炮了,跟刀枪之类的,再也扯不上什么大的关系了。"说完之后,脱下了日本人穿了上千年的和服,换上了洋装,丢下了那曾经让武士引以为傲的武士刀,拿起了一杆洋枪。也不带着新选组四处缉拿可疑分子了,而是搞起了一支近代化装备的军队。在时代的潮流面前,他能做到如此从容应对适时而活,着实不是一件容易的事情。第四,也是最重要的,两人的思维方式也是出奇地相近,都绝非是小说演义里头类似于诸葛亮、曹操那样华丽丽的智慧,而是一种一看就知道是小老百姓想出来那质朴并且狡黠但却百分百好用的谋略,比方说袁世凯赴金玉均的宴会,再比方说土方岁三刺杀芹泽鸭,后者因篇幅问题没法展开,想了解的话可以去网上搜一下。

其余的还有比如两人都很善于谈恋爱，都为人圆滑八面玲珑之类的，因为都是细枝末节，也就不多提起了。

不过你不要觉得我拿土方跟袁世凯比是屈了后者，土方岁三之所以没能像袁世凯那样成为万人之上那纯粹是他只活到35岁就战死了。如果这人没有死在明治二年（1869年）的北海道战场上，而且又愿意出任明治政府的官职，以他的才华能够做到什么地步，那可就谁都难料了，我想怎么着都该混得比大鸟圭介要强一些吧。

话题似乎扯得太远了，毕竟本书主题并非新选组而且历史也没有如果，所以我们还是回到朝鲜半岛上来吧。

由于大伙都处于水深火热、生死不能的境地，所以鼓吹只要功夫真就能修成神的东学教自然就很合胃口，与此同时，教主崔时亨又很顺应时代潮流地提出了"斥倭洋"的口号，也就是赶走日本人跟西洋人，恢复朝鲜原本纯洁而又单一的社会，于是再度引发了民众入教信教的狂热。

人一多，胆也就更大了起来，原先传教都要悄悄的，后来变成公开要求合法地位，到了1893年、1894年这会儿，则发展成了在崔时亨的带领下，东学党人频频打着为民请命的旗号，代表民众和官府交涉甚至直接冲突，而交涉的主题不外乎是少交点税之类的事情，说小不小可说大也不大，所以朝廷众高官也并没有怎么太在意，而是继续在那里花天酒地地享受着自己的人生。

这样的结果必然就是要出大事。

明治二十六年（1893）十二月，全罗道古阜郡郡守赵秉甲巧取豪夺，横征暴敛不算还把原本应该上缴国库的税收挪为己用。本来这种事儿在这时候的朝鲜已然是不算事儿了，只是这赵秉甲平日里就欺男霸女鱼肉百姓，所以此事一出引起了人民群众的强烈不满，数百人聚集在衙门前，要求赵大人出来给个说法。

面对民众，赵大人先是闭门不出——根据以往的惯例，这种事情只要风头一过，那帮泥腿子便会自行退去。

没承想这一回过去的经验不管用了，人民群众在东学党的带领下，有了明确的斗争纲领跟斗争策略，目的明确、分工明确：有人站衙门口喊口号，有人负责送饭送水，还有人负责田里接着种地。一直闹腾到第二年正月元宵，赵秉甲连汤圆都吃完了他衙门口的那群抗议的人都没散去，影响极为恶劣。

于是只能用第二招了。

1894年2月，赵秉甲带人以乱棍驱散抗议人群，打不走的，便直接抓回衙门，吊着继续打。

这一打，就打出了事。2月15日，忍无可忍的农民们拿起锄头、粪叉冲向郡衙，搞起了武装暴动。赵秉甲一看大事不妙，当机立断拔腿走人。占据了郡衙之后，大伙翻箱倒柜分浮财，顺便还开了牢门放囚犯，闹腾完，也没做太多的停留，就散了。

这不得不说是一个非常愚蠢的决定，因为仅仅数日后，古阜郡新郡守朴源明就走马上任了，同时还带来了从朝廷来的钦差李容泰。两人到任后的第一件事，就是反攻倒算，以民乱处置当日攻打郡衙的农民。已经放下了武器且都各回各家的农民们再也没了反抗的能力，只能如鱼肉般任人宰割。不得已之下，有个人决定把众人再度团结起来，再轰轰烈烈地搞一次大的，而且这一次必须还要搞得彻底。

这人叫全琫准，表面身份是古阜一普通贫下中农，家有薄田一亩不到，实际上，是东学教古阜分舵舵主。

他们全家，说起来也是名门望族，有个相当阔绰的祖宗，叫全乐，乃是高丽王朝的开国元勋，只不过这已是900多年前的事了。到了全琫准那一代，家里早就败落得四壁空空，他爹全彰赫，虽然

079

念过不少书还挺有文艺范儿,可也不过是个穷教书的。

显然,全琫准并不打算一辈子做一个怀才不遇的农民书生,故而在结婚之后,他也没顾着管家里头,而是出门四处游历,在此期间,加入了东学党,然后奉命回乡发展会员。在大概明治二十六年(1893年)前后,因个人不断努力以及业绩突出,终于当上了古阜分舵的舵主。

其实本来赵秉甲这档子事儿全琫准并不想过多插手的,毕竟哥们儿游历四方见多识广,狗官坑百姓那还能叫个事儿吗?要是因一时冲动做了什么出格的事情给东学教带来了不必要的麻烦,耽误了教主崔时亨和教祖崔济愚的平反大计,那才叫大事呢。

然而,让他万万没有料到的是,跑去郡衙门前抗议的人群里,一开始就掺了不少东学党,而且更加天有不测风云的是,带头的居然是他亲爹全彰赫。

全老师是被他儿子全琫准给宣传入教的,本来有文化的人在农村就很受尊重,再加上又入了东学党,自然而然就被推选为首领了。

结果这首领不是那么好当的,赵秉甲带兵出来镇压,首先就抓了全彰赫,接着吊起来一阵乱棒,全老师身子骨弱没能扛住,就这么被打死了。

全琫准一听说这个消息之后,当时就暴走了。

2月15日农民攻打郡衙,其实就是他带的头,不过此时的全琫准由于考虑到此事一旦彻底闹大,或许就再没了收场的机会,所以在占了郡衙分了浮财之后,也就让人散了。之后的两个月里,他都一直在联络朝鲜其他各地的东学教首领,说是目前的朝鲜已经差不多完蛋了,与其让洋人侵略国土沦丧大家做亡国奴,还不如我们东学党人站起来打响第一枪,夺了天下之后,再造一个新世界。

这时候东学教其实已经差不多完全失去了获得官方承认、步入正规宗教殿堂的机会了，而且很多教徒的生活也确实相当艰辛，所以对于全琫准的想法都表示了赞同。不过大家也都不是傻子，纷纷表示全舵主，只要你们古阜敢争天下先，我们莫敢不从，当然，当出头鸟有风险，我们不会让你白干，只要你肯吃这螃蟹，将来夺了天下，我们都拥戴你做大将军。

于是在当年的 4 月 26 日，全琫准和古阜东学教骨干一起再度率领民众拿起武器反将了起来。造反的队伍当天就占领了古阜全郡，和上次不同的是，这一回大伙没有见好就收，而是百尺竿头更进一步，剑指天下。

5 月初，全琫准军已经发展到万余人，并且攻克了泰仁县，活捉了县监李冕周，后又占领了军事要地和政府粮库所在地——白山，以其地为大本营，称"湖南倡义所"（朝鲜王朝时期，全罗道别称"湖南"，忠清道别称"湖西"）。

之后，全琫准在白山召开大会，将新近投靠的数千农民收编成军队，并以东学党的名义公布了起义纲领，称"四大名义"：一、弗杀人，弗伤物；二、忠孝双全，济世安民；三、逐灭倭夷，澄清圣道；四、驱兵入京，尽灭权贵。史称"白山倡议"。

倡议的同时，全琫准被推选为总大帅，并且自称绿豆将军，其余的东学党骨干也分别担任了军中要职。

5 月 7 日，全罗道观察使金文铉派兵一千二百五前去围剿，结果因为兵力悬殊，理所当然地被击退了，不得已退回了全罗道首府全州城。

消息传到汉城，高宗虽然有点小震撼但大体上还是比较镇静的，一番盘算之后，派出了全罗兵使兼壮卫营正领官洪启薰率兵征讨。

081

这洪启薰当年不过20来岁，出身并不怎么高贵，不过却是闵后的心腹，这主要是因为当年在壬午兵变那会儿，乱军刚攻打皇宫的时候，闵妃乘坐骊兴府大夫人的轿子逃走，但有个宫女向起义军民指认轿中之人是闵妃，于是起义军民就用刀劈开轿子，扯着闵妃的头发将她甩在地上。洪启薰见状，大吼道："这是我妹！在宫里当尚宫的！"

说完，他以迅雷不及掩耳之势立刻背起地上的闵妃逃走，而乱军就在那一瞬间信以为真，并没有追击。有此救命之恩，他自然后来受到了闵妃的万般宠爱。

再说洪启薰受命之后，没有多耽搁就带了八百士兵出发了。

你千万别嫌人少，这八百人隶属壮卫营，由美国教官训练，全部配备洋枪洋炮，是当时朝鲜唯一一支西洋式军队，战斗力堪称半岛第一。

只不过美中不足的是，部队的士气不怎么高，确切地说是相当低落，而且纪律也相当烂，一路上逗猫惹狗、扰民乱民、开小差不断，从汉城出发时八百人，等走到全州城时只剩下四百七十人了。

5月27日，洪启薰带着这四百多人的残部主动出击，意图靠先进的武器一决胜负，结果被全琫准看穿了意图，在一个叫黄龙村的地方遭到了东学党部全军埋伏。一万多人打四百多，而且还是士气低落的四百人，纵然是开着高达那也无力回天了。经过拼命厮杀，洪启薰才得以带了被杀剩下的一两百人突围回到城里，从此以后，只龟缩在城，绝口不再提什么主动出击了。

第六章 开战前夜

全琫准揭竿而起之后，很快其他地方的教友们也如之前承诺的那样一呼百应，顿时朝鲜半岛遍地开花，八道之中五道起了乱军，而且造反之人清一色打的都是东学教的旗号。

于是朝廷再也遭不住了，国王高宗决定向邻国求援。邻国无非两个，一个大清，一个日本。历经壬午甲申两次变动之后，他比较倾向于前者。

5月26日，朝鲜兵曹判书（国防部长）闵永骏和袁世凯会面，因为一开始并不知道对方态度如何，所以闵部长也不敢太大鸣大放，先是寒暄一样地问了问袁大人对最近的局势是如何看的。

袁世凯连连点头说最近形势一片大好，三千里江山歌舞升平，繁花似锦，美得很美得很。

闵永骏愣住了，想了半天，怯怯地问了一句，大人难道不知道最近闹东学党吗？全朝鲜都反了。

袁世凯说我知道啊，这又不是什么大事，你们朝廷都没放在心上，连管都不管，这足以说明不过小事一桩。

"朝鲜已派洪启薰前去镇压，怎能说没放在心上？"闵永骏非常疑惑。

然而对方则是一脸的恍然大悟："原来他洪大人是去镇压东学

党的？"

"当然。不过连日兵败而已。"

袁世凯笑了："洪启薰部所到之处，无不是为害一方弄得鸡飞狗跳，不干正事也就罢了，整日间祸乱百姓；而真到了打仗的时候，每次都要列阵于东学军外十余里，等乱军抢够了砸够了准备撤退走人了，他才开始装个样子追一追，就这样，你也敢说是平叛？"

话说得很刺耳，但闵永骏听得却很舒服，不是他天性有受虐倾向，而是他终于明白，袁世凯其实非常关心东学之乱，既然如此，那么请求清军出援，也就好开口多了。

"如果我们向大清求援，大清肯借兵与我否？"

"只要你们朝廷用正式的公文向我大清提出要求，我方随时都能出兵助你戡乱。"袁世凯满口保证道。

6月1日，高宗召开高级干部会议，讨论借兵问题。

因为在此之前的5月31日，东学党军又攻下了全罗道首府全州城，事态愈发紧急，所以对于借兵的方案，基本无人反对。大家讨论的焦点在于，如果向清国借兵，那么若是有第三国，尤其是日本，以此为借口也要掺一脚，那该怎么办？

闵永骏表示，要谁出兵不要谁出兵，理应朝鲜说了算，当年大清跟日本签订的《天津条约》里头，也就规定了一方出兵要照会另一方，又没说一家出兵另一家也要跟着出，他日本凭什么掺一脚？

"那么日本要是以救助友邦为借口，强行出兵，那该怎么办？"底下有人问道。

这确实很像日本人的作风。但闵永骏却胸有成竹："没关系，袁世凯自有应对的手段。"

接着又有人问说："要是俄国也要出兵，那该如何应对？"

闵永骏想了想,尽管没想到该如何对付俄国人,但又觉得他们出兵的概率似乎比较小,便拍着胸脯说道:"没关系,这个袁世凯也应该早有对策。"

于是袁世凯的个人形象一下子就伟岸了起来,成为了朝鲜君臣心目中的奥特曼,但凡来了怪兽,管它是北极熊还是日本狼,只要关门放袁世凯那就绝对万事能搞定了。

这天廷议最终决定向清国借兵平乱。

另一方面,朝鲜要大清出兵的情报在廷议的当天就传到了日本人的耳朵里。大鸟圭介兴奋异常,在他看来,即便朝鲜跟清朝都不想日本出兵,但这世上哪能事事都如他们的意。只要大清决定出兵,那么他必然能有办法让日本也找个借口将军队运到朝鲜。

所以眼下最重要的有两样:第一是确认袁世凯的意思,如果他打算出兵那最好,如果不打算出兵则要想办法唆使他出兵;第二是要想办法装出一副日本绝不会出兵的样子让袁世凯放松警惕。

这天晚上,大鸟公使登门拜访袁世凯,明面上是讨杯茶喝喝拉拉家常,实际上是探探口风。

袁世凯知道对方的来意,特地拿了上好的茶叶泡上,跟大鸟圭介你一杯我一盏地喝了起来,谈话内容也仅限于家里几口人地里几头牛的家常话,只口不提什么东学党什么出兵之类的事儿。两人一口气喝了三四壶,大鸟圭介实在是忍不住了,只好把话给挑了开来:"袁大人,东学党之乱也已经闹了小半年了,对商务贸易影响很大,实在是令人担忧啊。"

袁世凯拿着茶杯点了点头说:"是啊,谁说影响不大呢,很多生意都做不起来了,可他要闹,你又能怎么办?"

"这种事情一旦时间长了,那就会越来越乱,越来越难处理,这朝鲜朝廷是肯定不能自行平乱了,依我看,不如你大清出兵,代替朝鲜平定这场祸乱吧。"

袁世凯一听这话连忙摆手："这是朝鲜的家务事,大清怎能插手?事实上我国朝廷的意思,也是希望朝鲜能自己解决此事,根本没打算越俎代庖。"

大鸟圭介听了这话顿时愣住了,觉得袁世凯可能是在装模作样,表面上说不想管,但背地里指不定就拍电报去北京要出兵了。

可他的脸上却真的是一脸的真诚,完全看不出任何其他不对头的表情。

正在犹豫间,袁世凯发话了:"等他东学党占了整个全罗道,汉城就危险了,你们日侨撤不撤?"

大鸟圭介想了想,说道:"如果可能的话,当然不撤的好。"

这天谈话结束之后,两人各自给自己的上峰拍了电报。

袁世凯的电报内容是,朝鲜内乱已经无法自行平定,我大清在收到朝方正式文书后即可出兵戡乱,日本方面亦在蠢蠢欲动,应随时防备。

而大鸟圭介的电报则比较省钱,字很少:朝鲜已向大清求援,我国也应借机出兵。

后者发完之后,由于正值各种黄道吉日,所以便放下工作,回国度假去了。

次日,朝鲜方面向清国发出了正式的求援照会,于是李鸿章决定,派军分三批入朝。

第一批,是太原镇总兵聂士成统率的芦防马步军910人,为前锋。于当年6月6日的下午6时,自塘沽港登图南号轮船东渡朝鲜,于6月8日下午6时抵达牙山海口。6月9日,清军登岸整队,进入牙山。

牙山是个县,在汉城西南150里,之所以选牙山原因有二:一是因为这里离东学党闹事的地区较近,便于协助朝鲜平乱;二是为了避开日本侨民大量聚居的仁川和汉城,以免与日本人发生冲突而引起外交纠纷。

第二批,是直隶提督叶志超带领的1055人,分乘海宴号和定海号轮船,于6月8日下午6时出海,10日下午3时抵达牙山海口,因无驳船,全军于6月12日上午10时方才登陆完毕。

第三批带队的叫夏青云,总人数500,走得晚到得也晚,6月25日才抵达牙山。

大清出兵前,虽然是按照条约照会了日本方面,但怎么说也是师出有名,而明治政府虽然也想出兵,却找不着由头。

当时的外务大臣叫陆奥宗光,此人早年跟随坂本龙马混饭,行事作风干净利落,外号剃刀。

陆奥宗光是6月2日,朝鲜发出照会的当天就已经知道大清要出兵了,当即就把刚刚在日本落脚连老婆孩子热炕头都没来得及享受的大鸟圭介给召了过来,让他赶紧提前销假,立刻返回朝鲜,顺便带着兵一块儿走。

大鸟圭介很困惑:"我们以什么借口带兵过去?"

"你先不要带兵,先带几百名警察去朝鲜。"

大鸟更加困惑:"据我所知,大清派来军队有三千人,这个数字在以后很有可能增至五千,现在我带几百个警察,跟不带又有什么分别?"

"稍等时日,我便会想办法派大部队来朝鲜的。"

"那又为何不现在派?"

"这是首相的意思,你以为是我个人爱好吗?"

首相就是伊藤博文,他认为,大清派兵,那是去帮着镇压东学党,属师出有名,可日本并没有受到邀请,要是擅自也跟大清一样弄个三五千人过去，那必然会受到国际舆论谴责而且还违反了当年的《天津条约》，容易造成诸多麻烦，所以还不如先弄几百个警察过去，同样也是战斗力，而且一来因为不是军队，故而不必照会清政府；二来真要问起来，说是保护侨民即可。

至于后面还要不要接着派军队过去，那得看后面的形势，不过伊藤博文本人，是不赞成弄太多人去朝鲜的。

但是当时日本的情况是支持出兵并且出重兵去朝鲜的人占了绝大多数。除外务省陆奥宗光之外，军界那边更是竭力要求即日派大军和清朝决战，其代表人物，是参谋本部次长，川上操六。

川上操六，萨摩藩人，早在推翻幕府的伏见鸟羽会战中就崭露头角，立下过战功，之后凭借着出色的能力一路高升，明治二十三年（1890年）晋升陆军中将，三年后（1893年）出任参谋本部次长。

他认为，既然大清出兵，那么日本也一定要出兵，不光出兵，还要出重兵。

6月5日，大鸟圭介奉命返回朝鲜，走的时候，带走了四百余名警察，准备用于维护日本在朝利益，对此，伊藤博文表示，足够了。

一方认为要出重兵，一方认为四五百人足够，两方僵持不下，不得已，川上操六跟陆奥宗光一起，登门拜访了伊藤首相，想要说服他再追加部队开赴朝鲜。

三人会面之后，川上操六率先开门见山："我认为，我国应该发兵朝鲜。"

陆奥宗光随即附和："朝鲜应由我国来主导其开化，首相大人难道不这么认为吗？"

伊藤博文点了点头，意思是同意陆奥的说法，虽然此时的他仍然认为不应该轻易地刺激清国，但显然已经被陆奥给说动了，所以稍稍地松了口,问川上操六道:"你认为,该派多少人过去合适?"

"我认为,一个旅团比较合适。"

当时日本的一个旅团,编制在两千到三千人,针对大清派出的先头部队两千五百人,算是旗鼓相当。

但伊藤博文却叫了起来:"一个旅团?那也太多了吧!日本真要派出那么多人,别说大清,就连西洋列强,都不会坐视不管。"

"如果只是一个旅团的话,那就跟清国派出的人数差不多,他们又有什么资格来插手干涉呢?甲申那年我们之所以会输给袁世凯,主要就是我方兵力太少的缘故,这一次总不能重蹈覆辙吧?"陆奥宗光说道。

川上操六也紧紧跟上道:"首相,现在不出兵,等以后再想出,可就来不及了!"

伊藤博文不再说话,而是陷入了长长的思考中。良久,他才缓缓地开了口:"好吧,我知道了。"关于日本出兵一事,就算这么定了。

第二天,陆奥宗光在自己家里接待了川上操六,想再详细讨论一下这事儿,毕竟关乎国家命运,不得不小心行事。

其实两个人都很明白,这一次跟以往的每一次都不同,这一次,将会爆发战争。所以陆奥外相问川上操六的第一个问题是,胜算多少。

"如果短期内决战的话,我军必胜。"

这话说得比较大,所以陆奥宗光有点将信将疑:"清国这次派兵两千到三千,算上后援的话,应该会在朝鲜留下五千人,我们只过去了一个旅团,如何必胜?难道你想再追加部队?这恐怕首相是无论如何都不会同意的吧。"

"陆奥大人,你知道一个旅团有多少人吗?"

陆奥宗光虽然常年搞外交,但对于军阵之事多少还是知道点的:"一个旅团不就两三千人吗?"

川上操六笑了:"一个旅团在平时,确实也就两三千的编制,但如果在战时,加上骑兵、炮兵、工兵,总共可以达到七千人,也就是所谓的混成旅团。可这混成旅团终究也是旅团,只要在几天后通过内阁决议,再让天皇陛下批准我们向朝鲜派出一个旅团,那么至于如何用兵,是派普通旅团还是混成旅团,那就是参谋本部职责范围内的事了,和他伊藤首相再无半点关系。"

陆奥宗光一惊:"你的意思是坑他一回?"

川上操六笑而不语。

6月9日,由伊藤博文亲上奏折,经天皇御批之后,一支共计七千余人的混成步兵第九旅团,在旅团长大岛义昌的带领下,向着朝鲜进发了。

等到伊藤首相终于明白过来什么叫混成旅团,总人数多少的时候,那第九旅团早已经有一半从仁川登陆了。

事到如今,纵然是他,那也没辙了。

而比他们要早先一步到达朝鲜的大鸟圭介听说之后,则非常高兴。

只不过还是那句老话,人生不如意事十之八九,这话不管国籍肤色血统,但凡对人类,那都有效,显然,也包括日本人。

正当大鸟公使盘算着一个混成旅团七八千人如何通过扫平东学党来实现掌控全朝鲜的当儿,那边的袁世凯,也淡定地开始出招了。

第一招,叫釜底抽薪。

6月11日,在袁世凯的游说下,朝鲜政府跟东学党谈和了。

政府代表洪启薰全盘接受了全琫准提出的十二条政治改革方案,并且在朝鲜土地上分出五十多个郡县给东学教徒当试验田,让他们在那里以自己的政治方针执政。次日,全琫准率全部军队退出了全州城。

东学党之乱,眼看着就算是结束了。

根据清日签署的《天津条约》,里面有这么一句话:"日两国或一国要派兵,应先行文知会;及其事定,仍即撤回,不再留防。"意思是说,有事派兵,搞定之后,哪儿来哪儿回。

12日,袁世凯拜访了大鸟圭介,说大鸟大人,你怎么看?

大鸟大人顿时就成了大头大人,他压根儿就没想到这眼看就要翻了三千里江山的东学党居然就这么虎头蛇尾地草草收场了。这下一来,日本军队原先所仗着的什么帮助镇压东学党,保护本国侨民之类的大义名分,全都变成了浮云。那个传说中的混成旅团,不管是已经登陆的还是正在航行的,都不再具备待在朝鲜的理由。于是只能很垂死挣扎地表示,看看再说,兴许那东学党又死灰复燃了呢?

袁世凯笑笑,起身点了点头拱了拱手说告辞了。

第二天,大鸟圭介才吃过早饭,日本公使馆就被人给围上了。西洋各国驻朝的外交官们纷纷到访,询问日本此时贸然出兵朝鲜,是何用意?莫非是想侵略朝鲜?

这便是袁世凯的第二招,叫四面楚歌。

日本明治维新,主要目的是要强国,但实际上,是想让国家变强之后,挤进列强的队伍里头,所以在那个时代,明治政府做事情非常重视国际影响,哪怕是干婊子的勾当,也必然要弄个贞节牌坊,而且这牌坊还不能是花岗岩的,必须得用汉白玉。

袁世凯正是利用了日本无论做什么都要考虑到国际舆论的外交心态,在12日告辞大鸟圭介之后特地去各国公使馆转了一圈,放出风声说日本派兵一个旅团登陆朝鲜,目的不明,以此引起西洋诸国的关注。

这一天,大鸟公使过得很痛苦,尽管面对各路外交官的质疑是一句正经话也说不出,却也只能憋着满腔的不爽点头哈腰笑脸相迎。

有人说过,干外交其实就是要用最热情的笑脸去贴别人最冰冷的屁股蛋子,大鸟圭介终于有了一回切身的体验。

送走了洋人,他连忙拍电报去东京,问现在该怎么办。

东京回复:稳住大清和西洋,我们继续派兵。

这是陆奥宗光跟川上操六的意思,而非伊藤博文的。

伊藤首相此时已经开始打退堂鼓了,他不怕朝鲜,不怕大清,但却非常忌惮西洋列强,这主要是哥们儿当年去英国考察,被西洋先进的科技给震惊过一回;之后回到长州,看到美国一艘船灭了自家全部海军力量,又震惊了第二回。这么接二连三地震来震去,就产生了一种心理上的恐慌症。

他的宗旨是,但凡碰上西洋列强的,那就多一事不如少一事,所以,那一个混成旅团,就赶紧撤回来吧。

显然陆奥宗光他们不能让这位老兄这么干。为此,陆奥外相跟川上次长特地去了一趟首相官邸,想亲自说服首相大人,放弃自己原来的想法。

结果一进门,伊藤博文就骂了起来:"你们两个,他娘的算计老子?"

两人没答话。

"川上次长,你告诉我说派一个旅团,三千人,结果光是先头部队,就有四千!"

"首相,我确实说过派一个旅团,但却从来都没说过三千人。"白马是马,混成旅团那也是旅团。

伊藤博文当时就气得直哆嗦,说你小子够狠,坑爹坑老爷我头上来了。

说完,不再搭理川上操六,只对陆奥宗光说道:"如今东学党之乱已经平息了,为了避免引起不必要的麻烦,立刻跟清国交涉,双方一同撤军吧。"

陆奥说你做什么梦呢,跟清国交涉一同撤军?你说他们会撤么?

"不管怎么样,七千人,这也太多了。"

本来都已然没再吭声的川上操六这时候又开了腔:"首相,恕我直言,您管得太多了。"

"你说什么?!"本来就一肚子火的伊藤博文这下是真的怒了。

"出兵一案,内阁已经决议,皇上已经御批。既然如此,那之后就是参谋本部或者说军队的工作,和其他人再也没有关系。您即便贵为首相,可也有该管的和不该管的,能管的和不能管的,您还不明白吗?"

这话分量有多重一听便知,本质上等于是军人在警告首相了,可却说得一点都没错,出兵一个旅团,那是内阁点过头的,他伊藤博文身为内阁首相,更是亲自裁决过。现在虽然是知道自己被坑了,但也只能吃个哑巴亏,其他的什么都做不了。

只不过伊藤博文并不甘心,倒不是说耿耿于怀自己被坑,而是他真心觉得如果真在朝鲜留七千人马,那是很危险的。

陆奥宗光当然也知道首相的心思,所以在数日后,又登了一次首相府的门,由于怕像上次一样给伊藤博文添堵,所以这回特地没带上川上操六。

但伊藤大人连日来这么接二连三地被坑蒙拐骗,早就成了火药罐子,一看到陆奥宗光的脸就耷了毛:"如果西洋列强这次强行干涉甚至付诸武力,你打算怎么办?!"

"他们不会干涉的,放心吧。"

"你凭什么就敢说他们不敢干涉?!"伊藤首相差点就要拍桌子了。

陆奥宗光一看领导貌似真急眼了,于是连忙说:"淡定,我这可不是空口白话,我是请专家论证过的。"

伊藤博文没好气地问:"哪个专家,拿来我看看。"

陆奥宗光说:"我早把他叫来了,现在就在外面候着呢。"说着,他按响了电铃。

走进来一个人,陆奥外务大臣介绍道:"他是福岛安正。"

伊藤博文连连点头,意思是久仰大名。

福岛安正,时任驻朝武官,军衔为中佐,擅长收集情报并精通多国语言。

这人去朝鲜,纯属临时抽调,在那之前,他主要负责的是对中国跟俄国的情报侦察。

早在明治十二年(1879年),他就乔装成中国人,跑到上海、大沽、天津、北京、内蒙古等地进行了历时五个月的实地侦察。回国以后,将侦察结果整理成《邻国兵备略》《清国兵制集》上报有关部门,之后,又数次装成各种职业的中国人来华刺探。

当时有人问他,说大清跟日本相斗,谁能胜?

福岛安正想都没想就说道,十年之内,日本若是跟大清开战,则日本必败;但十年之后,日本必胜。

于是对方就很奇怪,又问说,难道日本只要发展十年,国力就能超过大清?

福岛安正摇了摇头:"以日本目前的国力而言,即便再发展二十年,也未必能超越清国,但这并不意味着不能将其战胜,因为清国有一个致命的弱点,那便是统治阶级的腐败。一个国家能够在任何场合公然行贿受贿,这本是万恶之源,可他们非但不思反省,反而愈演愈烈,上至皇亲大臣,下至一兵一卒,莫不是如此。清国既有如此不治之症,那只要稍加时日,必定不再是日本的对手。"

这话说完的3年后(1882年),壬午兵变,大清胜而日本败;5年后(1884),甲申政变,大清再胜,日本再败;而如今转眼便是15年后的甲午年了,你懂的。

明治二十年(1887年),福岛安正被任命为日本驻德国武官。在德国的五年中,他详细考察了欧洲各国的情况,其中,最引起他关注的,是俄国的动向。

当时俄国因为被英德等国牵制,被迫放弃南进方针,转而将眼光投向亚洲。包括福岛安正在内的很多日本政坛人士推测,俄国人的铁蹄在数年内,就会踏上中国大陆、朝鲜半岛乃至日本的国境。因此,关于俄国的情报,就显得尤为重要了。

为了掌握俄国东进政策的实际情况,福岛安正决定亲自沿着西伯利亚铁路进行实地侦察。不过由于他的身份比较敏感,所以对外宣称是要搞一次探险,一次单骑穿越严寒时期西伯利亚的探险旅行,也就是一个人,一匹马,穿越西伯利亚。

这确实是一次冒险,因为当时已近年底,在这个天寒地冻的时节,即便是西伯利亚当地人,都不敢去横穿那鬼地方,更何况他福岛安正是个从来都没在寒带生活过的日本人。此举一经传出,全世界都认为这哥们儿是打着灯笼去厕所——找死。

1892年(明治二十五年)2月,经过数月准备,福岛安正骑上爱马凯旋正式出发了。他以德国为起点,进入俄国境内,在零下20摄氏度的严寒中北上。3月下旬,到达彼得堡后,福岛向日本参谋本部发去了第一份关于俄国陆军的调查报告。此时，俄方也隐约觉察到福岛的此次旅行的动机貌似并不怎么纯，但却苦于没有证据。4月9日，福岛安正离开彼得堡，于当月下旬抵达莫斯科，在那里受到了沙皇和皇后的接见和赐宴。经过细致考察，他向日本参谋本部提交了关于西伯利亚铁路建设方面的报告。9月下旬，到达中俄两国的界山——海拔3000多米的阿尔泰山，此时的福岛安正已经走了7000多千米，完成了一半的路程。

在旅途中，他迎来了明治二十六年（1893年），年初也就是一二月那会儿，是西伯利亚最寒冷的时候，气温最极端的能够达到零下50摄氏度。这时，俄国人别说穿越了，连门都是不出的，但身为日本人的福岛安正，却以普通人类完全难以想象的意志力淡定地在那荒无人烟冰天雪地里头不断前行。最终，在历时1年4个月后，他完成了总计18000千米的旅程，走出了西伯利亚，创下了情报侦察史上的奇迹。

因为这次旅行，福岛安正名声大振，全世界都知道了有这么个为了情报连火星都敢去的日本武官，连明治天皇对其都大为赞赏，特地召他入宫，发放三等旭日重光勋章并亲自设宴款待。

这样一个对俄国乃至欧洲，中国乃至亚洲情报无所不知知无不尽的百科全书，正是当时日本或者说伊藤博文所迫切需要的。

事实上关于欧洲方面，伊藤首相此次最担心的，倒还不是一直都叫得很响亮的德国或是英国，而是沙俄。因为只有俄国人，才真正具备直接以武力来干涉日本的可能性，其他西洋诸国，至多就是外交方面耍耍嘴皮子，真刀真枪地干活他们未必会做。

所以伊藤博文问福岛安正道："你说，俄国会不会跟日本开战？"

福岛安正一听之后，就用特别惊讶的眼神看了对方一眼，满脸不屑,意思是这种问题你怎么也好意思来问我,但毕竟对方是首相,又不好意思明着唾弃他,只能毕恭毕敬地回道:"我国和俄国,必有一战。"

伊藤博文马上脸色就变了,然后转头盯住陆奥宗光,虽然没说话,但意思很明确:你不是刚才还说有专家论证俄国这次不会武装干涉么,现在这专家怎么说出来的话跟你说的不一样?

陆奥宗光知道两人各自说的都不是一件事儿,于是连忙面向福岛安正道:"首相的意思是,如果这一次我们出兵朝鲜,跟清国开战,那么俄国会不会借此对日本动武?"

"虽不敢说绝对,但三五年内,我国与俄国交战的可能性微乎其微,要打的话,至少十年之后。"

伊藤博文忙说十年之后的事情十年之后再说,本官现在只问你,这一回会不会开打?

"不会。"

生性谨慎的伊藤博文听到这儿,又忍不住追问了一句:"万一打了怎么办?"

陆奥宗光一看这话要这样说下去那就没完没了了,于是挺身而出:"只要我们有出兵的名分,俄国必然不会动武。"

"那大义名分何在?"

"我国在朝鲜本身就享有驻兵之权,即便是签订了《天津条约》,却也不曾被剥夺过。只要找一个合适的理由,便能堂而皇之地出兵。"

"我问的就是那个理由,我们以何为借口,将这一个混成旅团送入朝鲜境内?"

陆奥宗光胸有成竹地笑了笑:"我们就说,这一切都是为了帮助朝鲜成为文明国。"

"这是怎么个说法?"

"我们只要对欧洲诸国说,出兵朝鲜,是为了帮它摆脱清国的束缚,使之成为一个真正意义上的独立国,绝非是为了侵略其领土。只要这么说,那么我们便有了大义名分。"

"人嘴两层皮,难道清国就不会驳斥?"

"不管清国说什么都无所谓,到时候,我们就向他们提议,由日清两国携手,共同帮助朝鲜搞内政改革,目的是让朝鲜独立富强。清国如果同意,那等于是答应把他们在朝鲜的利益拱手让与我们一半,自然是不必再动刀兵了;可要是不同意,那么我们就有了出兵的大义名分,可以趁机昭告天下,表明日本出兵的合理性。"

如果你没有看明白上面那段话,那么我来稍微解释一下。

陆奥宗光的意思已经很明确了:虽然数千年来朝鲜都一直是大清的属国,但时代已经变了,过去的宗主藩属那套,已然是不被国际主流所接纳了。所以你清国要再赖着人朝鲜不放,死乞白赖地要人给你当小弟,其实是没道理的;但是大清又不得不绑着他,理由前面说过了,朝鲜乃东北门户,一旦有失,太祖爷龙兴之地就危险了。

另一边,对于日本而言,朝鲜是不是真正独立跟他并无一毛钱关系。他真心想要的,是从朝鲜谋取利益,但牟利这活儿自古以来就不是那么好干的,朝鲜虽然弱不禁风,可背后却有个大清王朝,你要搞小弟得先过他大哥那一关,同时还得应付世界舆论;时为19世纪末,马上就要迎来新世纪了,新世纪、新世界、新东方、新规矩,不再是像以往大航海时代那样只要船坚炮利,看到地方插一面屁股帘儿就可以算是自己的地盘了,得符合国际道德、国际公约。你日本从大清手里抢朝鲜,必须得拿出一个能让其余西洋列强都闭上嘴的理由来。

还是那句话，婊子的勾当你尽管做，可必须得立个贞节牌坊，还得是汉白玉的。

也就是说，清、日、朝三国，在1894年那会儿的现状是：大清紧紧抓着过去属于但现在却并不该属于他们的朝鲜，而日本则想把过去不属于现在仍不属于他们的朝鲜从清朝手里弄过来。

说白了就是一个人想抢另一个人手里头的不义之财，该怎么做？

很简单，先向全世界宣布，这是不义之财，是不属于那个人的，而我，并不是贪财，只是图个公道，要把这不义之财给从那不义之人手里给夺来。如此一来，先不管抢得过抢不过，至少在外人看来，多少也算师出有名、见义勇为，别人也就不太好意思横插一手了。

至于夺来之后怎么办，明面上说是交给警察叔叔，实际上连他自己都不相信这是真话。

所以，这一回日本行动的旗号就是为了朝鲜脱离大清，实现独立富强，如果有任何国家，包括大清，胆敢从中作梗当横，那一顶逆时代潮流而动，阻挡他国独立的帽子，就算是扣铁实了。

故而陆奥宗光认为，只要来这么一下子，不管大清怎么接招，其他的西洋列强，应该是不会再有插手的借口了，只要西洋不插手，日本单挑大清，正如福岛安正当年说的那样，胜算很大。

谈话到此结束，陆奥宗光总算是说服了伊藤博文，继续向朝鲜派军，其实也等于是说服了他，点头同意和大清开战。

临走的时候，伊藤博文叫住了他："陆奥，你不要觉得我胆小啊。"

"在下从来都没这么想过。"

"不，我确实是个胆小鬼。自从明治十一年（1878年）接替大久保利通以来，我每一步都走得谨慎细微，战战兢兢地一点一点打造着这个国家。"伊藤博文叹了一口气,"你们只要想着如何战胜敌人就行了,可我却不得不再多想想,万一战败了,该如何重新收拾败局啊。"

"大人,您尽管放心吧。"福岛安正一脸的淡然,"此战,日本必胜。"

第七章 开战！高升号

6月15日，陆奥宗光紧急约见了清国驻日公使汪凤藻，告诉他，从现在开始，日本将跟大清一起，共同帮助朝鲜内政改革。

汪凤藻一下子就蒙了：这都哪儿跟哪儿就共同帮助朝鲜改革了，怎么我从来都没听说过这茬儿呢？

也难怪他没听说过，毕竟是前几天现想的事儿。

措手不及的汪凤藻只得以缓兵之计应对，表示共同帮助朝鲜改革，这是好事儿，也是大事儿，所以要暂缓，咱先把眼下的事情给处理了，比如你们日本什么时候撤军？

陆奥宗光回答说，我大日本帝国怀着一颗治病救人、见义勇为的崇高心灵，朝鲜内政一天不改革，我帝国士兵一天不回家，要撤，你们撤。

汪凤藻说我们撤个什么劲儿呀，我们是应邀戡乱，倒是你们，不请自来，还不肯走，这是怎么个意思？

于是这两位爷一个表示不共同帮人搞改革我们就不走人，一个坚持你们先撤军再说别的事儿，就这么从上午缠到下午，再从下午缠到傍晚，连口晚饭都没来得及吃，接着又从夕阳西下闹腾到了明月当空，一连折腾了八九个小时。汪凤藻表示自己实在是吵不动了，这样吧，我先把你的要求给上头汇报，但我估计99.99%是不

101

可能被同意的，所以呀，咱来日方长，逮着机会再战吧。

而陆奥外相也沙哑着嗓子回道您走好，我等您消息。

汪凤藻是个实在人，真的拍了个电报给李鸿章，说日本说要和我大清一起帮助朝鲜改革内政，此事不行，将不撤兵。

陆奥宗光却生怕对方放自己鸽子，于是便怀着一颗小人之心，特地命小村寿太郎亲自照会李鸿章，表明明治政府的态度。

小村寿太郎，时任日本驻清公使，身高156厘米。光头且头大，人也很穷，虽然工资不低，但他爹曾经搞过风险投资，结果失败，所以他当外交官的那点薪水还不够还债的，因为以上种种，故在外交圈里有一个相当难听的外号，叫老鼠外交官。

不过这人手腕很强，单论外交能力的话，他算是当时全世界里为数不多能勉强和李鸿章单挑的人。

对于日本要求共同插手朝鲜的殷切希望，李鸿章的回复倒也简练，总结起来就一个字：滚。

当然，李大人也明白，凭他一己之力想要让日本人滚得远远的，似乎可能性也不大，所以在之后的一个星期里，他找来了英国驻华公使跟俄国驻华公使以及其他各种国家的驻华公使，想结西洋之群力，断日本之念想。

但西洋各国普遍不怎么给力，也就俄国跟英国还算够点意思，一个表示愿意送一封照会给日本，让他们撤军，另一个则打算从中调停，让这事儿就这么算了。

结果俄国人倒也实诚，确实让自己国家的驻日公使照会了陆奥宗光，说是希望日本从朝鲜撤军。对此，陆奥宗光很不客气地表示您从大门来，还从大门回，我就不留您吃饭了。

21日，参谋本部下令，将还没派过去的那半个旅团继续发往朝鲜。

23日，陆奥宗光再次约见汪凤藻，向他递交了关于两国共同协助朝鲜实行内政改革的方案，这等于说是完全无视清国之前提出的撤军要求。

28日，英国驻日公使前来游说，但跟陆奥宗光扯淡了半天之后，做出承诺，表示愿意跟大清去说道说道，让他们先松松口。

7月10日，经过交涉，俄国公开表示，对于清日朝三国之间的破事，我大沙俄帝国严守中立，绝不掺和。

此声明一经发出，第二天（11日），明治政府就向清政府递交了断绝国交的断交信。

终于，战争的脚步临近了。

日本如之前所说，无论军政，都已然做好了最充分的准备，尤其是海军省，早在7月头就将几艘最能打的军舰拢了一堆，编成本队、第一游击队和别动队三组，合称联合舰队，司令长官是时任海军中将、生于萨摩的伊东佑亨，旗舰则是蚊子扛大炮的松岛号。

那么，对海岸我大清的情况又是如何的呢？

此时的大清朝廷里分为了我们耳熟能详的两派——反战派跟主战派。

反战派的代表是李鸿章，他并不愿意现在和日本开战。

李中堂其实真是个明白人，他很清楚，别看自己手里海陆两军齐全，还各个装备了最新式的洋枪洋弹坚船利炮的，可真要拉出去，未必能打赢日本人。所以他给光绪皇帝上奏的说法是目前准备还不充分，不能求速速决战。

但主战派却不肯放过他，确切地说是主战派的首领翁同龢不肯放过他。

虽说翁师父在备战问题上一直是能拖就拖，能不给钱就不给钱，变着法儿地为难李鸿章；可一听说要打仗了，立马就换了一副面孔，变得比谁都积极，上蹿下跳的那股子劲儿比猴都欢腾，整天朝堂之上就念叨着说素闻你李中堂有淮军和北洋这海陆两张王牌，正所谓养兵千日用兵一时，是骡子还是马，现在也到了该牵出来遛遛的时候了。

虽然表面上看起来是正气凛然，爱国主义情怀满满，但实际上压根儿不是这么回事儿。

在翁同龢看来，这是一次天赐的良机——急速提升自己地位和"短平快"弄死李鸿章的良机。

高举爱国主义大旗，主导群众舆论，站在主战派队伍的最前列，这是一个不用费太多力气就能讨到无数好处的活儿。此外，日后真要开战了，战胜，那么他翁师父因为是最坚定的主战者，是战略制订者，所以定能获得一份大大的军功章；要输了呢？那更好了，背后耍嘴皮子的不会有罪，可你李二先生却得吃不了兜着走：首先你的两支军队被打残了，从今往后再也没了神气的资本；其次，是你的军队被打败，所以战败的责任全都得你来扛，往轻了说，把你下大狱，治你指挥不力的罪，往大了说，杀你李二谢天下的可能性都不是没有。

总的来说，只要开打，那翁师父就等于是在做一笔包赚不赔还没什么成本的买卖，多划得来啊。

你不要以为我这是在以小人之心度翁师父那既能乘船也能爱国的宰相之腹，上面说的那都是有证据的。

话说有个叫王伯恭的，是翁同龢的得意门生，在这战争即将来临的前夕跑去见自己的恩师，向他极力诉说目前不该开战的种种理由，又讲道理又摆事实地扯了一大堆。结果翁同龢哈哈一笑，说傻小子你以为我是真想跟日本开战哪？他李鸿章治军数十年，威风八面，无人能治，现在日本大敌当前，难道连一战都打不了了吗？

他说得正嗨,不慎漏嘴吐了真言:"我正想让他去战场试一试,看他是骡子是马,这样将来就有整顿他的余地了。"

对于这位老师父,我只想说一句话,那就是真是个浑蛋。

好了,我们继续往下说。

就在大清朝廷里反战主战两派僵持不下的当儿,7月19日,明治政府送来了一封最后通牒令,要求清廷在5日内给出关于两国共同改革朝鲜一案的合适答复,如果不给或是在不给的情况下继续向朝鲜增兵,那么日本将认为这是一种"胁迫"行为。

对此,大清给予的答复是再议。

再议,就是再议论议论,再研究研究,再商量商量,再权衡权衡,再比较比较,再考虑考虑,再观察观察,再看看,再想想,再等等……说白了就是能拖那就再拖上一阵。

当然也不白拖,此时的李鸿章正在拼了命地联系西洋列强参与调停,可却一点用都没有。继俄国之后,英国也宣布了中立,而且做得比俄国更够意思。他们在当年的7月16日,就跟日本签署了《日英通商航海协议》,并且宣布放弃当年在幕府时代所取得的对日领事裁判权。

而日本方面,这几天完全没闲着,在给大清送完最后通牒之后,紧接着在7月20日,也顺手塞给了朝鲜一份,说是限他们在3日内让清国撤出所有在朝军队,并且中断和清国的宗藩关系。如果不做的话,日本为了朝鲜的"独立与开化",将代为驱逐在朝清军。

朝鲜知道来者不善,所以很守时地在22日半夜给了答复,一共两点:第一,朝鲜内政朝鲜自己处理;第二,要求日清两国共同撤军。

话倒是说得很硬气,但却也架不住人铁打的洋枪和洋炮。

在收到这封回复的数小时后,也就是23日凌晨2点,混成第九旅团下的四个步兵大队开始向汉城进发,沿途切断了所有的电报线,3小时之后,强行占领了王宫,控制了国王高宗。

与此同时,联合舰队的第一游击队也开始向牙山方向起锚了。

7月25日早上6点半,游击队正航行到朝鲜海面上一个叫丰岛冲的地方,司令官队长坪井航三接到报告,说前面发现了军舰两艘,目测是清国的。

这确实是大清的船,并隶属于北洋舰队,分别叫济远和广乙。他们是在7月18日,奉了李鸿章的命,护送运兵船去朝鲜增援的,兵卸在牙山之后,便又从朝鲜返航回中国。和两艘船正相向而行过来的,还有两艘船,系第二拨运兵增援部队,一艘叫操江,一艘叫高升,拢共四艘两拨。

济远号管带叫方伯谦,曾留学英国三年,是个海归;广乙号管带叫林国祥,生于南洋富商家,毕业于福建船政学堂。

人倒都是人才,可船却不是什么大船:济远稍微强一些,排水量2300吨,航速15节;而广乙号其实本属福建水师,因朝鲜局势紧张才被调至北洋,排水量不过1000吨,航速倒是比济远快,16节半。

反观日本的第一游击队,总共有军舰三艘,一艘叫秋津洲,排水3100吨,航速19节;一艘叫浪速,排水3700吨,航速18节,其船长,是东乡平八郎。

还有一艘,是游击队的旗舰——吉野号,详细数据之前有说,这里就不再重复了。

7点52分,经过一个半小时的跟踪航行顺便卡位,吉野号终于来到了距济远号三千米开外的位置上了,接着,对准它就打了一炮。

于是战斗便正式拉开了序幕。

看到别人都撸炮撸上门了,方伯谦第一个反应是赶紧撤退,这个举动虽然看起来比较尿，但你真心不能说他是错的，因为跟吉野号相比，济远的战斗力根本不值得一提，而边上那艘广乙更是可以忽略不计。事实上也确实如此，开打十分钟不到，上午8时许，吉野号就一发命中了济远的舰桥，大副沈寿昌当场阵亡。

沈寿昌是上海人，10岁时就赴美学习，大学在挪威上的，系当时大清不可多得的留洋人才，战死那年，不过29岁。

而方伯谦还没来得及为战友默哀致敬，吉野号的第二发炮弹也到了，并且精准地打在了济远前部炮塔上，把二副柯建章给炸上了天。

接二连三的丧友之痛让方管带彻底失去了斗志，唯一能做的就是化悲痛为动力——船动力。他当即下令要求开足马力，全速撤退。

但再怎么全速，济远终究是济远，15节的航速摆在那里，是怎么都跑不过人23节的，所以无奈的方伯谦只得下令挂白旗，表示我们什么都肯干，只求别打我们。过了一会儿，似乎是觉得一面白旗看起来太过孤单，于是又挂上了一面日本国旗，意思是太君别开枪，自己人。

但太君似乎不怎么给面子，继续不弃不舍地跟在后头。眼瞅着就要追上，方伯谦都快吓哭了的当儿，济远号上有个水手叫王国成，怒吼一声，说倭寇欺人太甚，我们都挂膏药旗了还不放我们逃，横竖都是一个死，不如跟他们拼了吧！

说着，扛起一枚炮弹就冲向了船尾炮台，但没走几步又给放下了："太重了，谁来帮我搬一下？！"（"问，何人助我运子？"）

于是又有一水手叫李仕茂的挺身而出，两人就这么一人运炮弹一人开大炮，瞬间连发四炮，居然三炮命中吉野。原本以为济远已然是束手待擒了的吉野号舰长河原要一一看对方这架势似乎是兔子

107

急了要咬人,于是也就穷寇莫追了,下令调转船头,朝另一艘广乙号方向驶去。

于是济远得以安全撤回威海,但广乙却倒了霉了。

看着扑面而来的吉野号,广乙管带林国祥在最开始的反应跟方伯谦一样,下令赶紧逃走,而此时的吉野号因为之前受了王国成三炮,伤着了,所以没法全力追赶,只得打旗号让秋津洲跟浪速前来协助。那两艘船既比广乙能打,也比广乙能跑,所以虽然广乙一开始领先,但逃了一会儿仍是被大大缩短了距离,更为不幸的是,就在这眼看着要追上却还没追上的紧急时刻,广乙号屋漏偏逢连夜雨,居然搁浅了。

事已至此,他林国祥纵然有翻天的能耐也使不出来了,于是只能放小船跟士兵逃走,但走之前,把广乙号给炸毁了,算是宁死也不给敌人留舰船。

济远、广乙两舰逃的逃、爆的爆,虽然动静不小,可后面那第二拨增援的操江和高升并不知道。这两艘船仍然继续前行,据说他们还和济远号擦肩而过,看着济远有些眼熟却始终弄不明白干吗挂一日本旗,但也没问,而是接着往前开,直到碰上追济远而来的浪速和秋津洲。

形势是2对2,旗鼓相当。我指的是数量上。

一场捉对厮杀就此展开,先是秋津洲朝着操江号开了过去,也就那么一小会儿工夫,便直接将其俘虏了,不是秋津洲太强,而是操江号太弱,总吨位590吨,装备也就那几杆子鸟炮,自然是什么都干不了只有乖乖被擒获的份儿了。

而在另一边,浪速和高升对上了眼。这场史称丰岛冲海战的战斗,演到这儿才算是重头戏。

高升号,真要说起来其实它不是军舰,而是一艘商船,就船体本身而言，战斗力基本为零。但是，它却是第二拨增援的主角，因为此时的高升号上装的不是别的，而是人，确切地说是大清陆军，总共有一千多人一千多杆枪，还有大炮若干。大家伙是整装待发，时刻准备着迎接登陆后战斗。

结果没想到这战斗提前来了。

看着高升号，东乡平八郎很淡定地先是下命朝天放空炮两发，然后再叫人打旗语，示意对方立刻停船，接受检查。

此时，是上午的 10 点 30 分。

但高升号却跟没看到旗号没听到炮响一般，甚至连逃跑的意思都没有，而是继续朝着目的地航去。

尽管战斗力为零，但不代表它不厉害。高升号的厉害之处在于，它并非大清的船，乃是一艘英国籍的商轮，不仅船籍为大不列颠，桅杆上也挂着米字英国国旗，就连那船长，也是如假包换的英国人，名叫高尔斯华绥，和后来也是英国的一个拿诺贝尔文学奖的哥们儿同名。

所以高升号上的清国官兵们相信，自己是安全的，这日本人胆子再大，也不敢对老牌帝国主义下黑手，于是放心大胆地该怎么走还怎么走。

算他们不走运，这回碰到了东乡平八郎。

10 分钟后，一艘从浪速过来的小船靠近了高升号，然后走出来一人。此人名叫人见善五郎，军衔大尉，是浪速舰上的军官。

人见大尉登上高升号之后，见到了船长高尔斯华绥。他先表示自己是奉命前来，接着，又查看了高升的船籍证明以及船长的身份资料，之后又和高尔斯船长用英语一阵交谈，大约五六分钟后，便起身告辞又坐上了那艘小船，向浪速舰方向划去。

"这艘船是英国的恰和洋行所有，公司总部设在伦敦，这次被清廷雇佣,船上有士兵1100名,大炮14门,目的地是朝鲜的牙山。我跟船长说了,让他即刻改变目的地,跟着我们走,他也已经同意了。"回到浪速后,人见善五郎向东乡平八郎报告道。

东乡船长点了点头,下令打旗语给高升:现在就起锚,跟着我们走。

但高升号回复的旗语却是:请再派一次联络船过来。

于是尽职的人见大尉表示自己愿意再走一趟。东乡同意倒是同意了,但还是叮嘱道:"我估计是清国的士兵不想成为我们的俘虏,所以不愿意配合随行。如果真是这样的话,那你把船上的英国船长跟其余英国船员都带回浪速就行,当然,前提是他们愿意。"

去了没多久,人见善五郎又回来了。

"清国士兵已经劫持了英国船长,明确表示不愿跟我们走。现在高升号船里的局势相当混乱,英国船员们虽然愿意来浪速,可却被限制了行动自由。"他如此汇报道,"对了舰长,那位船长还让我向你致以问候。"

此话一出,浪速舰上的军官们都觉得很奇怪:这都要火烧房梁的当儿了,还致以问候呢,要不要那么虚伪啊。

但东乡平八郎则是一脸的肃然:"给高升号发信,让他们立刻随行或者弃船。"

很快,就有人来报:"高升号打出旗号,拒绝了我们的要求。"

"再发一次,告诉他们这是最后警告,同时升红旗。"

当时惯例,在桅杆上升红旗就是进攻前的信号,东乡平八郎的意思已经很明确了,你们再不跟着走,就要打你们了。

手下人一惊:"舰长,那……那可是英国船……"

此时此刻,高升号上,带队的大清军官也正安慰着已经躁动不已的士兵们:"弟兄们,放心吧,咱这是英国船,就是借给他日本人俩胆子,他都不敢开炮!"

数分钟后,浪速收到了高升号发来的最后旗语:恕难从命。

"哦。"东乡平八郎的脸上看不到任何表情。仅仅过了三四秒,他的声音又响了起来,"准备战斗,目标,高升号。"

瞬间,浪速舰上就忙碌了起来。不过短短几分钟,就有士兵前来报告,说一切准备均已完成,各单位随时都能投入战斗。

当时的浪速舰和高升号之间,只相隔了800米。

尽管已经到了连海风都快凝固了的紧张时刻,但东乡平八郎却用着仿佛是在说邻居家今天又买了什么小菜似的平淡语调下令道:"开炮吧。"

这一天的丰岛冲不再有海浪,不再有海风,也不再有海鸥,只有一发发的炮弹、一声声的炮响和一阵阵的惨叫。

一个小时四十分钟之后,高升号被击沉了。

除了船长以及数名船员被救起之外,其余的清国士兵、清国水手全部遇难,总人数超过了900。

以上,就是闻名世界的丰岛冲海战,虽然当时无论是大清还是日本都不曾向对方宣战过,但此战过后,标志着两国的战争,在实质上已经爆发了。

其中,高升号被打沉一事也被单独列了出来,那就是震惊世界的高升号事件。

就事件博眼球程度而言,震惊世界显然要比闻名世界高一个档次,这主要还得归功于高升号出身好,是英国船。别说清国人没想到,就连英国人甚至日本人自己(除东乡平八郎)都没料到,这浪速居然敢拿英国船开刀。

消息传回东京的时候,内阁大员闻讯之后普遍的反应是虎躯一

111

震然后脸部抽搐，愣在椅子上半天说不出话来，尤其是伊藤博文，哥们儿先是沉默了半晌，然后一声暴喝："把山本权兵卫给我找来！"

山本权兵卫是当时海军大臣副官，干实事的，确切地说浪速的舰长人选就是他裁定的，所以找他比找海军大臣更有用。

这位海军大臣副官是萨摩人，说来也巧，他跟东乡平八郎不但是同乡，还是发小。萨英战争那会儿，年仅11岁的权兵卫却也上了战场，职务和东乡一样是炮兵，不过因为年纪太小还不到打炮的时候，所以他的工作内容仅仅是搬个炮弹捡个弹壳什么的。

再说那山本权兵卫被叫到伊藤博文跟前后，态度倒是显得非常从容，听完了高升号那档子事儿之后，非但上不火，还宽慰伊藤说首相阁下你也不用着急，这船打都打沉了，再急它也浮不上来啊。

本来就已经连跳河心思都有了的伊藤博文一听这话更是气得差点吐血，要知道开战前他是想尽了一切能想的法子，为的就是避免把英美列强给牵扯进战局，结果这东乡平八郎倒好，直接拿着大炮就轰英国人的船，这不是作死吗？你要真想死一个人跳海去啊，别把老爷我给扯进来啊。你就算跟老爷我有仇，直接拿着菜刀来砍啊，别让全日本跟着一块儿陪葬啊。

再看看眼前的这山本权兵卫，真是什么样的领导出什么样的下属，事到如今那英国人搞不好都要上门兴师问罪了，这厮居然还跟没事人一样。想到这里，伊藤博文悲愤得连话都说不轱辘了："你……东乡……你们……"

"首相阁下，事情到底是怎么回事现在尚且还没有定论，但是我想，东乡平八郎从来都不是莽撞之辈，他能这么做，必定有他自己的道理，我们还是在这里等他的解释吧。"

伊藤博文说不行，趁着现在英国人还没上门发难的当儿，我们必须提前把这事儿给处理了,绝对不能给西洋列强留有口实,这样,你现在就回去,把东乡平八郎这舰长的职位给我撤了。

山本权兵卫说临阵换将你开什么玩笑,爷不干。

眼看着伊藤博文都快要动手打人了,外相陆奥宗光插了一句:"首相,这个时候还是静观其变吧,如果在事情原委还没弄清楚之前就贸然罢免东乡平八郎,反而会被世界舆论认为我们是心虚和不成熟,未必能起到我们想起的作用。"

此话言之甚是有理,伊藤博文不得不听。

另一方面,大清和大英两国的反应也很激烈。

前者其实蛮高兴的,虽说高升号上千把子弟兵葬身鱼腹很是让人悲痛,但怎么说也总算是把英国给扯进这趟浑水里头了,大清加上日不落帝国无论如何都要比日本来得强,故而李鸿章觉得,自己胜券在握了。

所以当驻华公使小村寿太郎前来拜访并询问此事时,李中堂连说都不稀得跟他说,看着他那圆乎乎的脑袋,大庭广众之下就开始了人身攻击:"老鼠公使阁下,贵国人都跟你那么矮吗?"

小村寿太郎家贫人丑,身高一米五六的样子,前面说过了,但在外交生涯中,被人如此赤裸裸地用生理缺陷为武器搞攻击,那还真是第一次。

但是他却很淡定,跟没事儿人似的:"我们日本人虽然普遍比较矮,但也有身材高大的,像李大人这样魁梧的,我们一般称之为傻大个。"

这是一次很没营养的谈话,小村寿太郎本意是来探探口风,看看大清对高升号事件有什么看法,其实他不来也该知道,李中堂是恨不得把他丢海里去。而李鸿章实际上也根本没想跟日本人扯淡,在他看来,既然英国人已经被拖下水,那么再跟日本人谈纯属浪费

113

时间，想办法让英国人出面以夷制夷就行了，谁怕谁啊。

然而，此时的英国人却做出了一个让伊藤博文和李鸿章都没有想到的决定：权当高升号事件没有发生，继续保持中立。

更为匪夷所思的是英国官方，也就是他们的外交部门，就此事连强烈抗议严正交涉之类的口头表面文章都没怎么有过，只当没有那回事儿。

这听起来似乎是很让人摸不着头脑，因为实在不像是为了几箱子鸦片就能跟人开战的日不落帝国的一贯作风，但真要细究起来，也不是没原因的，主要有两点：

第一，英国人很明白，大清和日本争夺的焦点，在于朝鲜。所以一旦开打，结果无非两样，要么朝鲜仍是大清的藩属，要么朝鲜变成了日本的新殖民地。这看似是废话，但废话背后其实还有一个悬念——清日开战之后，不论朝鲜归了谁，是不是就此尘埃落定了？

答案显然是不。因为在北方还有一个国家正虎视眈眈整日盼着进军亚洲，那便是沙俄。

英国人认为，清日之战无论谁胜谁负，即便是拥有了对朝鲜的掌控，可也不过是暂时的，因为北方的俄国必然会来插一手，与其争夺半岛。这就跟你玩游戏一样，好不容易打掉了一个大佬，结果发现这大佬背后还有一个更厉害的大反派，得接着再打一场。

所以福岛安正说过，日俄之间，必有一战。

对于英国而言，朝鲜归大清或是日本，在本质上是没甚区别的，但要最后被俄国横刀夺走的话，那就麻烦大了。因为一旦在亚洲扩张成功从而使得实力大增之后，沙俄的下一步，必定是西进欧罗巴，侵吞大不列颠的在欧势力，打破欧洲原有秩序，这是英国人或者说其他西洋列强无论如何都不愿意看到的局面，也就是说，英国需要一个在亚洲的盟友,而这个盟友必须要具备能够牵制俄国甚至是在必要的时候打败俄国的实力。

当时或许具备这样实力的东亚国家有两个,一个是大清,一个是日本。

那么,到底该如何确认谁能够在将来更好地牵制俄国或者说谁的实力更强一些呢?

很简单,打一场呗。清日之间的战争,对于英国来讲,其实是一场考核战,胜者,将成为它用来抗击沙俄的同盟军。

既然是关乎自己切身利益的考核,那当然不能拉偏手作弊,故而高升号一事的最佳处理方法,就是淡定地继续保持中立,不被任何一方拉下水,以免影响这场筛选的公正性。

第二个原因,也是比较关键的,那就是东乡平八郎炮轰高升号,并未违反当时的国际公约,所以纵然是想以此发难,实际上也无从下口。

话说高升号事件在刚刚传到英国的时候,也确实引起了一阵轩然大波:高层的态度还算冷静,但下面的爱国愤青们却都不干了,纷纷抨击日本是无视国际公约的野蛮国家,并且要求大英政府为高升号报仇,给日本点颜色瞧瞧;更有甚者,直接上书政府,表示打俄国我捐一年工资,打日本我捐一条命。

眼看着英国国内群情激愤就要燃了起来,伊藤博文是急得满世界乱窜求爹告娘想要尽快摆平,可东乡平八郎却连个解释报告都没怎么写,对此只说了一句话:"此次事件,我并未违反国际法。"

他确实没有违反国际法,我指的是那个时代的国际法。

根据当时的战时国际法,即便是在公海上碰到交战国的船只,无论船籍或者是不是军用,一方都有权利命令另一方停船接受临时检查,同时也有权没收其船上的战时禁运品,同样,也可以限制乘

115

组成员的人身自由，而如果这样的要求遭到对方的拒绝，那么是可以实施强制措施的，其中包括了将其击沉。

也就是说，东乡平八郎碰到了交战国大清的高升号，尽管船籍是英国的，但他仍然可以命其停下随行。由于高升号死活不干，于是东乡船长便在国际法范围内行使了自己的权利——下令开炮，将对方打沉。

乍看之下貌似确实是这么一回事儿，真要如此说来，东乡平八郎也确实没什么责任。可仔细琢磨琢磨似乎又有些不对劲。

相信平时名侦探柯南看得比较多的人此时心里已经在犯疑了：你刚才扯的那是战时国际法，也就是适用于正处战争状态的两国的律法，可是当时的大清和日本之间还没宣战，所以并非是在战争状态吧？既不在战争状态，那还套用个屁战时国际法啊？

其实大家最初也是这么觉得的，尤其是李鸿章，更是在西洋各路公使跟前大肆指责日本不宣而战，实在是野蛮人行径；而英国那边本来也是这个调调，眼看着就要成了定论，他东乡平八郎该下大狱了，结果就在此时，横插出来一半路吐槽的程咬金。

"日本和清国，早在高升号之前，就已经处于交战状态了。"

说这话的，可不是一般人，而是剑桥大学的教授，叫威斯克莱特。他在《泰晤士报》上撰文称，早在 7 月 11 日，日本就已经发明文与清国断交，19 日，更是送去最后通牒。通牒上明文指出，5 天内不给予答复或是继续向朝鲜增兵的，则一律视为"胁迫"行为。这胁迫，从国际法上来讲，其实就是宣战，而 5 天过后，清政府既没有给予答复也没有停止向朝鲜增兵，等于是宣战了，所以，两国的关系，根本就是交战状态。

将"胁迫"一词理解为宣战，这确实是当时的惯例。

在《泰晤士报》上，威斯克莱特教授总共罗列了五点，来证明日本没有违背国际法,同时也认为日本没有理由向英国赔罪,英国也没有道理去干涉日清之间的战争。

这种事情,一旦有了领头的,接下来也就如雨后春笋了。继威教授之后,牛津大学教授胡兰德、格林威治皇家海军学院教授劳伦斯也纷纷响应,在各大报纸上发表文章,大致内容不外乎日本炮打高升有理,该船沉得其所,快哉快哉。

以上几位,都是当时英国在国际法方面的重量级专家,所以他们一站出来,瞬间就改变了整个舆论风向,而日本那边一看到这情形,也牢牢抓住了机会,由陆奥宗光一马当先,反咬一口说英国明明宣布中立,可英国籍的高升号却仍帮助清国运送士兵,这种出尔反尔的行为根本不符合大英帝国文明开化的形象。

当然,他也没真想咬,就是摆个高姿态证明自己无辜而已,不过倒还真好使,此言一出,就连英国皇家海军司令都表示,击沉高升号未必没有道理,并建议自家说政府我们干脆睁只眼闭只眼得了。

更让大清感到绝望的是,高升号的船长高尔斯华绥在被捞上来之后,对沉船一事绝口不提。本来李鸿章还想从他嘴里弄出点类似于受害人血泪控诉这样的东西来博取同情,结果他倒好,非但不说,还跑了一趟日本,专程感谢东乡平八郎的搭救,这让李中堂他们相当没面子。

知道这是为什么么?

东乡平八郎到底有没有违反国际法,人嘴两张皮怎么说都有理,但这高尔斯华绥是真真切切地被从船上打到海里,灌了一肚子海水不说还差点翘辫子,实在大可不必为了日本人三缄其口,更没理由再专程去一回日本。

可他却这么做了,为什么?这是因为高尔斯华绥跟东乡平八郎

117

是朋友。

早在当年英国的商船学校伍斯特协会里,他东乡平八郎就是那高尔斯的学长,比他高两级,据说两人关系相当可以,这也就是为何高尔斯华绥在人浪速的炮弹都快打上门来的当儿还不忘对东乡致以问候。

鉴于以上种种,英国官方在事发三个月后作出了最终裁定:当时已经存在着战争状态,高升号为交战国执行交战任务,日本军队有权扣留或击沉它,因此,日本在此事件中不需要承担任何责任。

就此,高升号事件算是结了,但战争却只是刚刚开了个头。

第八章 平壤之战

就在丰岛冲炮响的同一天，陆地上的大鸟圭介下发指示，要求混成第九旅团旅团长大岛义昌少将以最快的速度将已经聚集在牙山的清军消灭，然后再以最快的速度回防，戒备正不断走陆路集结于平壤的清军。

同时，他还致电参谋本部，要求继续派兵，原因是平壤的清军数量正在急速增长，照这个架势下去，很有可能突破一万大关。

对此参谋本部回电：知道了，这就派。

话说到这里我不得不告诉大家一个比较沉痛的消息，那位传说中的朝鲜太上皇兼守护神，像无论什么怪兽都能轻松搞定的奥特曼一般的袁世凯，此时也已不在半岛上了，早在7月18日，他就奉命撤走，回了大清。

不过你也别说人家逃，人家有圣旨。

7月28日，第九旅团在汉城全体集合，接着，大岛旅团长带着四千余人出发，向牙山方向前进。

顺便一说，这个大岛义昌是生于长州藩的武士。他有个女儿叫大岛秀子，生了个女儿叫静子，而这外孙女静子后来嫁给了一个叫安倍宽的人，这个安倍宽，就是日本首相安倍晋三的爷爷。

29日凌晨3点20分，日军步兵第二十一联队走到一个叫佳龙里的地方,和清军狭路相逢,双方立刻展开交火,日军步兵大尉松崎直臣战死。这是在这整场战争中,日本所出现的第一个战死者,故特此留他一笔。

激战5小时后,清军以伤亡五百余人的代价退出阵地,日军趁机占领了牙山边上的成欢车站,然后再接再厉朝牙山攻去。然而等他们赶到之后,那里早就没了清军的影子,在指挥官叶志超的带领下,大清的士兵连武器都没拿便直接放弃了牙山,撤回了平壤。

按照本来的计划,大岛义昌应该剑指平壤,只不过这会儿平壤城内的清军总数已经达到了一万四,对外号称四万,所以想要再以一个旅团的兵力跟他相抗恐怕是不太可能了,别说是混成旅团了,就是合成金旅团都不行。

所以大岛义昌不断地催大鸟圭介,说你赶紧让国内给我增兵,不然也别说打平壤了,过两天清军南下,我都挡不住。

大鸟圭介深知其中利害,也电报一封连着一封地拍往东京,请求增援。

而东京方面的回复是别急,先让我们走个程序再说。

8月1日,明治政府下红头文件,正式对清廷宣战,同日,光绪皇帝礼尚往来,也颁诏书一封,向日本国开战。

8月中旬,日本第五师团和第三师团先后抵达朝鲜,两师团编成第一军,司令官是陆军大将、前内阁总理山县有朋。

顺道说一句,山县有朋是日本史上唯一一个当过首相之后又以现役军人身份上前线的前首相。

19日,第五师团长野津道贯率部进入汉城,同时召开了作战会议。

会上,野津师团长认为,目前朝鲜到处都流传着清军不日将要南下的流言,这对社会的安定团结相当不利;更何况,兵贵神速,与其等着敌人攻来，还不如我们抢先一步先行北上，拿下平壤。这样一来，无论是从实际战略还是士气斗志方面，都能大大挫伤清军。对此，山县有朋表示认可。

21日，山县有朋定下三路大军：先是安排自元山登陆的第三师团自东向西，朝平壤进发；接着，又命混成第九旅团开拔，经开城向平壤进发；同时，步兵第12联队第一大队与步兵第21联队第二大队被单独挑出来编成了朔宁支队，经朔宁，目标直指平壤。

这个朔宁支队的队长，不是一般人，他姓立见，名尚文。立见尚文，人送外号东洋第一用兵家，也称日本常胜将军。他是桑名藩人，他们藩的藩主叫松平定敬，是德川将军家的亲戚，顺便一说，松平定敬有个哥哥叫松平容保，系会津藩藩主，同时也是新选组幕后的老板。因为这层关系，所以在萨长两藩揭竿而起之后，桑名藩坚定地站在了幕府那边。

伏见鸟羽会战之后，桑名藩因地理位置上贴近并孤悬于京都附近，故而成了新政府军的首要打击目标，因为没有援军，所以藩内的许多家臣都倾向于恭顺投降。在这样的情况下，对新政府有着诸多不满的立见尚文于庆应四年（1868年）三月拉起了一支队伍离开了桑名，一直走到了越后（新潟县），同时一起去的，还有松平定敬本人，因为他也是个死扛派。到了越后，他把带来的人重新编组了一番，并取名为雷神队。这支队伍后来先随大鸟圭介，配合土方岁三的新选组攻打了宇都宫城，后又辗转关东北部四处作战。在这个过程中，立见尚文碰到了无数后来出任明治政府军界高官的新政府军将领，而那些军界大佬当时无不被他打得丢盔弃甲、哭爹叫娘。缘此，在日后的军事会议上，他立见老爷自然也有资本说这种话了。就连著名的活土匪，早在松荫门下时就有疯子之称的山县有朋，当年也差点被立见尚文给砍死，所以对他始终保持三不原则：

有他在的地方尽量不露面；万一露面了尽量不发言；一旦发言了视线绝对不跟他发生碰撞。

话再说回朝鲜，从元山走的第三师团因为各种事情比较多，走得慢，除了一个支队外，其余的等全部战斗都打完了他们都没到目的地，所以实际上这次攻打平壤的，只有第五师团跟混成第九旅团以及第三师团的一个支队而已。

另一方面，8月30日，平壤城内的清军守城部队也配置完毕，主要有四支部队：卫汝贵的盛军六千人，马玉昆的毅军两千人，左宝贵的奉军三千五百人，丰升阿的盛字练军一千五百人，共计一万三千人。

总大将是从牙山逃回来的叶志超，而此刻叶将军正在小黑屋里流着眼泪蹲地画圈。

话说当日军北上的消息传到平壤，叶志超在各种分析之后做出了判断，那就是认为这座城是肯定守不住了，所以打算率部弃城逃走，但遭到了部下主要是奉军左宝贵的坚决反对。左宝贵这一年57岁，山东人，出身贫苦为人敦厚，是四支部队里人气威望最高的部将。

左宝贵不光反对叶志超的逃跑方案，甚至还再三要求主动南下迎击日军，于是两人就这么杠上了，杠到后来叶志超干脆就罢工了，说你们爱怎么打就怎么打，反正到时候记得在城墙上给我开一口子我好逃出去。而左宝贵也不含糊，直接派亲兵监视叶大将的一举一动，同时自发担当起平壤守军主帅之责，又是修建工事又是部署军队，忙得很欢快。

9月中旬，第五师团各路大军在经过各自的边作战边行军后，终于来到了平壤城外，并基本完成了一个包围圈。

当时平壤的情况是这样的：东南西北四个方向有六个门，外面有一条江叫大同江，这大同江宛如一道护城河，绕着东面和南面走一圈然后向西流去。

而日军的包围圈也分四个点：城西面是第五师团的主力，由野津道贯亲自坐镇；东面大同江对岸中碑街上驻扎的是混成第九旅团的一部分，如果这支部队想要攻城，则必须先突破清军的东门防线然后再渡江；南面的朱雀门是第九旅团的剩余部分，他们已经过了大同江，但这帮人背后有个岛叫羊角岛，上面有清军的炮兵阵地，所以形势也不怎么乐观；最后是北边的玄武门，戳着元山支队（就是第三师团唯一跑来的那个支队）跟朔宁支队，他们面对的，除了又厚又重的城门外，还有外面的数个堡垒。

由于本来日军的人数就没清军多，故而肯定不可能四面同时开工，经过军事会议讨论，最终把主攻点定在了中碑街、朱雀门和玄武门。

战斗是从朱雀门开始打响的。9月15日上午6点，大岛义昌一声令下，第九旅团向朱雀门发动了猛烈的进攻，但也遭到了清军马玉昆部的顽强抵抗。本来形势是一进一退的攻防战，但是羊角岛上的大清炮兵却很是时候地拉响了自己的大炮，原本这朱雀门外就是一片开阔地带，这样一打，第九旅团自然是损失惨重，而且不久之后，清军的增援部队亦及时赶到。于是在死啃了六七个钟头之后，虽然连一块砖都没能拿到手，但大岛义昌还是不得不下令撤退，准备休息休息再作计较。

而东面的中碑街情况也很不乐观，上午6点半开的打，先是工程兵架桥，送过去四个中队，一个小时不到就被全部打了回来。指挥官不死心，又送了一堆人过去，仍是被打回来，一直磨蹭到下午2点，因战死一百余人，损失过于惨重而不得不撤出了战场。

就此，南面和东面的攻势算是被彻底瓦解了，至少在当天，他们攻入城内是没什么可能了，于是所有的希望就这么落在了北面的朔宁支队和元山支队身上了，尤其是前者，因为元山支队从大清早开始就在城西北的箕子坟以及七星门外跟清军部队纠缠上了，所以玄武门的主攻手，实际上就是立见尚文了。

说得大发一点，能不能速战速决拿下平壤城，关键就在此人。

另一方面，平壤城是否能够守住，关键也正在玄武门，这一点左宝贵很明白，所以当天的他是亲自披挂，督阵玄武门。

玄武门外有一处高地，叫牡丹台，只要守住此处，那么日军将一辈子都摸不到城门；反之，一旦失守，则全城危险，故而左宝贵在那里搭建了工事，并且安置了机关炮，同时之前提到的那几个堡垒，实际上也是环台而建，总数有五个，分两重，其用意实际上是护卫牡丹台。

当然，如此出彩的地方，自然不可能逃过立见尚文的法眼。15日刚吃过早饭，他就下令部队发起进攻，先是集中炮火向牡丹台外侧西北方两个堡垒开始了猛烈炮击，同时步兵也展开冲锋。而左宝贵也毫不含糊，亲自站在城楼上穿着御赐黄马褂督战，所以两堡垒的士兵也拼死作战，双方一进一退了一个多钟头，立见尚文感到这样打下去实在是没完没了了，于是下令收队，稍作整顿之下又再开攻势，不过这次进攻方针变了，不再是同时进攻两个堡垒，而是集中了朔宁支队所有的火力，对着最外面的一个堡垒一阵猛轰，然后再配以步兵全力冲锋，果然是一气呵成，先拔得了头筹。

打下一个堡垒之后，立见尚文就看出门道了：剩下的那几个，他也如法炮制，先是下令集中炮火猛轰，等轰差不多了再叫步兵冲上去夺寨。就这样，上午9点不到，左宝贵的所有外围工事全都非破即占，除了牡丹台。

对此，立见尚文仍是采用了老一套的方略，先是命令全军从东西北三个方向围住牡丹台,然后一排火炮打过去,接着,下令步兵冲锋。

只不过这牡丹台毕竟不是前面那几个小堡垒,不仅地势险要,上面火力配备得也很齐全,还有当时少有的机关炮,所以日军步兵还没冲到台下,就被清军以牙还牙地用排炮轰杀,一连攻了三四次,每次都是丢一堆尸体然后被迫撤退。真要这么周而复始地打下去,除非是清军机关炮没炮弹了,不然整个朔宁支队外加此时已经赶回参战的元山支队都得搭进去。

手下问立见尚文怎么办,立见支队长想了想,说把步兵先撤回来,让炮兵上。

于是三面架起了各种火炮,在得到命令之后,同时开起了火。

这一轰起来那立见尚文就没再叫停,直到一个多小时后,士兵来报说那牡丹台外围的工事墙都已经被轰破了,那机关炮也被我们的霰弹炮给打中打坏了,台上的清军已经只剩下几杆子破枪了,将军,还接着轰不?

立见尚文说连墙都被砸破了还轰啥啊,孩儿们给我冲起来了,第一个登上牡丹台的老爷重重有赏。

没了防御和火力的堡垒就如同失去了爪牙的猛兽,当日军这一次冲锋发动之后,玄武门外的那块险要高地便毫无悬念地被拿了下来。

牡丹台一失,玄武门等于是无险可守了。望着汹涌而来的日军,左宝贵很明白大势已去,左右也不断催促说将军我们赶紧走吧,再不走就真的来不及了。

但他却死活不走,不仅不走,还亲自跑到炮台,亲手点炮,朝日军发射。

手下一看这阵势,知道老将军是要玩命了,拖是肯定拖不走他了，于是只好又劝说道，将军，您要留下来接着战我们也不反对，但为了安全起见，您是不是把您的那红顶子跟黄马褂给换下来先？不然忒扎眼咧。

但左宝贵很坚定地摇了摇头："我穿着朝服是为了告诉士兵们，我和他们同在，只有这样，大家才会和我一起战到最后一刻。"

说着，左宝贵点炮射敌，一连射了十来炮，正准备再接再厉，却不想一发来自日军的炮弹击中了他正点着的那门大炮，然后炮身炸开，一块铁片自其腹中插入，顿时鲜血四溅，黄马褂被直接染成了橙马褂。但老将军负伤不下火线，仍站在已经被炸成一块一块的大炮跟前高声疾呼，向敌开炮。大喊数声之后，又一发炮弹飞来，这次是直接命中本人，当时他就扑倒在地。等部下围上去要救时，发现已然晚了一步，左宝贵都被打穿了（已洞矣），不过还能说话，所以手下把他给抬下了城楼，只是这楼梯还没走完，人就已经去了。

左宝贵战死之后，清军士气尽丧，仅过十多分钟，玄武门便被攻破。有个营官叫杨建胜的，背着左宝贵的尸体想要冲出城去，可当时日军已经杀了进来，哪有他跑出去的机会，结果是原本的一死一活最终在乱军中变成了双亡，而且两人的遗骸都下落不明，至今不知去处。

所以后来大清给左宝贵修坟的时候，造的是衣冠冢，里面只有一领血衣，一只朝靴，地点是山东临沂的平邑县。本来我想说你要有空可以去参拜一下，但实际上这是不可能的，因为左宝贵的衣冠冢已经被砸光拆光了，其石料被如数运走也不知去向了。

不过想要拜祭左宝贵的同学也不要灰心，在朝鲜首都平壤境内，现如今仍有纪念老将军的祠堂，并立起以朝汉两语书写的"左宝贵战死之地"碑，供人瞻仰纪念。这就叫"青山处处埋忠骨"。

再说那玄武门是在下午 2 点左右失守的，此后日军虽然一度经此攻入城内，但没待多久又退了出去，这主要是立见尚文考虑到虽然左宝贵被打死了，但真正的总大将叶志超还没出场，即便奉军被全歼，对方也至少还有万把人，故而非常谨慎地命令部队驻扎城外，静观事态发展。显然，哥们儿是没料到小黑屋那茬。

而另一边，当叶志超听到左宝贵阵亡的消息之后，虽说开始时也忍不住悲痛不已了一阵，但很快就不禁高兴了起来，毕竟他能逃了。

下午 4 点半，仍在观望中的立见尚文得报，说是城楼上突然打起了一面白旗，我们该怎么办？

立见尚文琢磨了一会儿，表示这很有可能是清军诈降，想趁着夜色挂块白尿布然后把我们诓骗进城包饺子，大家不可轻举妄动，再看看吧。

不得不说，这是真心冤枉了叶大将军，人是发自内心地竖白旗然后想逃命。

结果朔宁支队就这么观望到了晚上 7 点，这白旗都快看不到了，城里仍是没动静。在 9 点时分，天上开始下起了秋雨。就在这时候，从平壤城内开始三三五五地跑出一股接着一股的清军，也不光是玄武门，其他几处城门都有这种情况。一开始日本人以为大清夜袭了，还赶紧端起长枪短炮招呼来着，但时间一长大伙发现这跑出门来的清军基本上都不带武器的，有的甚至连军服都不穿，而且姿势也比较统一，文艺点儿讲，叫抱头鼠窜。

于是位于城西侧的野津道贯做出判断，认为清军是要趁着夜色弃城逃走。

9 月 16 日凌晨 1 点 10 分，日军开始陆陆续续踏进城内，而立

127

见尚文的朔宁支队，也在5点半左右进入了平壤。

就此，朝鲜半岛北部重镇平壤落入日本之手，前后历时仅仅一天多几个小时。

胜败乃兵家常事，本来没什么好多说的，但关键是，平壤一战，攻方的日军总数为一万，战死两百不到，负伤五百出头，而守方的大清总共一万四，战死者居然超过了两千，负伤人员也在四千左右。

本来么，这防的比攻的人数多一半儿都能给打输就已经够匪夷所思的了，而且输得还那么惨，所以便不得不多计较一个为什么了。

一般认为，大清之所以败得如此难看的原因不外乎以下几种：一是清政府腐败无能；二是叶志超做人忒孙子；三是日军训练有素，战斗力强。

对此我不吐槽也不肯定或是否定，我只说两件发生在当时朝鲜的小插曲。

第一件是打完之后，日军当然是顺利地进驻了平壤，结果惊讶地发现，此时的平壤城里头除了该有的各种设施之外，还有让日本人从来都没见识过的场所——鸦片馆。

却说在平壤城内清军屯所和南门附近，拢共有鸦片馆四处，根据事后询问店老板得知，四家烟馆，每家每天售出鸦片至少在30两，以通常成年人每日吸食量不能超过5分（100分=1两）来计算的话，这点量至少够两千四百人食用。

第二件，还是在打完之后，日军搜查了清军的屯所，看看有没有什么战利品，结果发现了书信一封，是叶志超写给左宝贵的。

信上是这样说的："6月26日（公历7月28日）晚上，我们遭到了日军的袭击，经过大约两三个小时的激战，总算是战退了敌人。之后，我命聂士成率部追击，总共击杀敌军千余。

"然而，等到天亮之后，日本人派出一万六千大军如洪水一般从四面八方涌来，所以我们只能且战且走，一路上损失了不少士兵，大概有那么三四百人。之后，本将军在狭隘关口设下埋伏、布下地雷，坐等敌军追击，好狠狠打击，结果没承想那日本人还挺聪明，居然不上当，愣是没来，于是也只能作罢退回平壤了。"

这说的显然是发生在 7 月 28 日至 29 日的那次牙山之战。我们前面有说过，事实上在那次战斗中，清军战死五百，而日军总伤亡不过 88 人，死 34 人，其中有 24 人，是因为半夜行军不明地形，掉河里给淹死的。换句话讲，"歼敌上千"的真相，其实只是打死了对方 10 人。

至于那一万六千大军，我也没想明白叶将军是怎么给想出来的，当天投入战斗的日本人总数也就三四千人，这哥们儿足足给翻了两番。

对此，日本学界也只能很客气地吐槽说，这不过是一种类似于"白发三千丈"的文学表现手法罢了。

现在你该明白为啥左宝贵当时一直要求叶志超主动南下进攻了吧？没错，老头把这封信当真了，他要知道真相是这模样，搞不好也不会关叶志超的小黑屋了，得直接一刀劈死他。

士兵抽大烟，主帅带头逃跑还吹牛不打草稿，我想，这才是真正的败因所在吧。

第九章 决战黄海

平壤被占以及叶志超大败、左宝贵战死的消息不日便传到了北京，大清朝野又惊又怒又喜。

惊的是我大清居然真的败给了日本，而且还是在人数武器占优的情况下惨败而逃；怒的是这日本国欺人太甚，海上不宣而战沉了我高升号不算，现在居然在陆地上也动起了手，而且还伤了我几千同胞，过分，忒过分了。

至于那一喜，则仅限于翁同龢，因为他终于切切实实地等到了一个能坐看李鸿章拼血本的好机会了。

其实早在两国宣战之后，翁师父就一直率门生子弟们在各种场合大声疾呼要求北洋水师跟日本海军决一死战——两边都死了最好，实在强人所难的话，那北洋独自死去也行。

可李鸿章又不傻，朝堂之上，他力陈不可轻易与日本全面开战，其实言下之意就是，不可把自己那宝贝疙瘩北洋水师给轻易地送出去拼命。

其实他明白去拼了也是白拼，李鸿章自己也说过，大清是一栋快塌了的屋子，而自己只不过是个裱糊匠，粉饰光鲜可以，但真要来了暴风大雨，那些个虚有其表的东西就会随着屋子一起完蛋。

于是翁师父就不乐意了，你不派北洋水师出去打我拿什么看乐子呀,当然,话不能这么说,他是这么说的:"李大人,正所谓养兵千日用兵一时,你北海耗费巨资,用尽了民脂民膏,现在日寇打上门来,岂有避战的道理?"然后手底下一群主战派的弟子门生齐声附和,喊道这西洋我们不敢打,难道日本我们也不敢打吗?蕞尔小国岂能是我大清的对手?

这么一咋呼,把光绪爷给咋呼起来了。载湉君时年三十有三,本该是已然过了一听风就说雨的愤青年龄了,可架不住他从小童年凄苦,心智发育得比较晚,所以被下面人这么一扇风当时就着了,问李鸿章说李大人,这群臣的爱国热情都已经高涨起来了,你看是不是命令北洋水师主动出击,扬我国威一下?

虽然李鸿章很想说这爱国热情有个屁用,军舰发动靠烧煤又不靠爱国情怀,但显然不敢明着对皇上吐槽,于是只能说臣知道,臣明白。

光绪爷当然知道李中堂所谓的臣知道臣明白究竟是怎么一回事,所以一回身就私下里越过李鸿章,直接下命令给丁汝昌,让他寻机会出战。

而李鸿章也很明白自己奉着的这位主子爷的个性,也在背地里给丁汝昌发报,说你好歹那么大的人了,千万别冲动,只能严防死守,不可轻易出击。

其实还有一个人也不想打仗,那便是慈禧太后,通常说法是她的六十大寿马上要到了,老太太不想因为打仗而坏了寿宴之事。

这脏水泼得把权倾大清半个世纪之久的西太后直接就意淫成了一个乡下的土财主婆子。

但不管怎么样,北洋水师提督丁汝昌在来自两种不同的压力下,非常淡定地选择了自己跟了多年的老主公李鸿章。

不光因为他忠心,还因为他也是个明白人。我就这么对你说吧，在当时的地球上，就没有一个人比丁汝昌更明白一件事儿，那就是他那北洋水师压根儿不能打仗。这是一件听起来相当诡异的事情。

北洋水师，论硬件设施，乃是亚洲第一、世界第六，而且这个统计还不是大清自己统出来的，是当时国际社会公认的，几乎没什么水分。却说就在明治二十七年（1894年）的五月，正在形势越来越危难的时候，李鸿章为了鼓舞民族士气，壮我大清形象，特地亲自检阅了北洋水师，同时考虑到自娱自乐似乎欠妥，故而还招呼来了一大群洋人的外交官与记者。就在举世瞩目之下，北洋水师开始了战前最后也是最大规模的大操演。

那一天的盛况，至今仍在很多历史记载上为人所津津乐道，不光船阵整齐划一，雁行鱼贯操纵自如，而且在实弹打靶的时候，也相当出众。以经远一船为例，发十六炮，中十五发，堪称百发百中，让中外人士叹为观止。

但也有明眼人看出了一些端倪，比如那被轰毁的靶船，从头到尾就不曾挪过位置，都是船动而靶不动，真要到了打仗的时候，敌人哪会如此不动如山哪？

不过总体而言这次演习还是相当鼓舞人心，外国媒体纷纷赞誉说北洋水师节制精严。英国代表还特地上书自家海军部，说北洋坚船利炮，绝不容小觑，以后这大清，貌似是不能再随便欺负啦。

至于软件方面，北洋水师那更是堪称汇聚了大清乃至全亚洲的海军精英，像几个管带什么刘步蟾啊方伯谦啊，无不是留洋归来的高才生。这样一支舰队，怎么就不能打了？

确实，在很多人的认知里，北洋水师的诸管带形象往往是英姿飒爽的海归精英，比方说在前段日子一位知名导演，联合了一群知名演员拍了一部主题是甲午海战的知名电影。在这部他自称是花费了多年心血的历史电影里头,刘步蟾、林泰曾、方伯谦以及叶祖珪等北洋管带,都被说成是留学于英国皇家海军学院并取得优异成绩的高才生。

我不明白干吗一定要给人扣一顶皇家学院的帽子,莫非是那导演的信仰问题,觉得只要沾了皇家二字就显得高档了还是怎么着。这都什么毛病哪。

个人建议那位导演还是返璞归真,重回当年,去多拍一些类似于猫咪突然开口说人话然后联合狗狗带领少年救地球的电影吧,那个真心好看,我看好多遍了。

事实上的情况是,在我刚刚报的四个名字里头,除了济远管带方伯谦跟靖远管带叶祖珪两人确实是正经八百的英国海事专业学院留学生,其余的那两位,别说毕业了,连书都没进去读过,尤其是刘步蟾。

刘步蟾,定远舰管带,北洋水师右翼总兵,兴趣爱好是抽鸦片。事实上,他同时也是整个水师的首脑,论威望,甚至超过了丁汝昌。

这主要是因为丁汝昌不怎么懂海军,至少没刘步蟾懂,连李鸿章都认为丁提督只会刀马陆战,用他当主将只因为他忠诚可靠听话,毕竟丁汝昌既是淮军多年老部下又是安徽老乡。

碰上了这么一个空降老大,下面的众小弟们自然是不肯服的,而且更为不幸的是,北洋高管大多是闽粤(主要是闽)人,比如刘步蟾就是福建人,林泰曾也是福建人,叶祖珪同样是福建人,方伯谦的老家亦在福建的侯官县。本来一个外行跑来领导内行就够让人不服气的了,现在偏偏还摊上了福建同乡们被一安徽人来指手画脚这档子事儿,丁提督的威望自然是更加低落了。正所谓此消彼长,于是水师副官,右翼总兵刘步蟾的地位就顺杆子这么上去了,不光是海军的日常操练，就连那份《北洋水师章程》，也是他主要负责起草的。

话说有一次北洋水师去香港，到达当天丁汝昌有事离舰，结果刘步蟾当即决定降提督旗，升总兵旗，这引起了洋教官琅威理的极度不满。他当即找刘总兵抗议，说丁提督只是离开一下又不是不回来了，你凭什么就给人降旗，但刘步蟾却理都没理，仍然挂着总兵旗，直到丁汝昌回来。而丁提督知情之后，什么也没说。

此事后来被琅威理捅到李鸿章那儿去了，但李中堂却出乎意料地对刘步蟾的行为表示了支持的态度，以至于琅教练大为不爽，最终因此辞职而去。

这也就难怪很多人要给刘步蟾弄几个皇家光环以壮声势了，怎么说也是水师的灵魂人物又敢跟洋大人叫板，不弄个好点的出身给他贴贴金那真心说不过去。

但真实的情况是，刘步蟾并未去过任何英国海事学校学习，这个之前说了，哥们儿仅仅是在船上实习了大概一年左右，而且即便是在这一年里头，水分也不少。首先这个实习，严格说来只能算是见习，就是以看为主的那种；其次就是在那一年的见习生涯中，刘总兵还请了好几个月的病假。

其实北洋各高管所谓的留洋光环基本上都跟刘步蟾差不多。当年福建船政学堂的毕业生里，第一批送去英国的有12人；考上正经学校的，就一半儿；剩下的那一半，只是在军舰上实习过，至于到底实习了什么，也不好说。

当然话又得说回来，不是说没喝过洋墨水没进过洋学堂他就没能耐，实际上北洋水师在所谓的软件方面出现的最大问题是人员失和，但这人员失和的根源和管带们的留洋文凭没有一点关系，而是出在全军主将丁汝昌的身上。

此人虽说当年是个海军门外汉，但经过那么多年磨炼，多多少少也有了点长进，比如长崎事件中就做出了相当精准的判断，拒绝了洋教习炮轰长崎的建议。

可这并不能代表丁大人就是一个很称职很厉害的海军提督了。撇开他对自身业务精通与否不说，单看哥们儿大权旁落到一瘾君子手里头，就能明白其实这位提督大人完全没有可以服众的器量或是手腕。

所以在他的手底下，北洋水师上下一片娃娃闹，有军需官贪污炮弹钱的，有管带开着轮船搞走私的，有在陆上开个小公馆养着几房小妾的，等等。像那种吸毒嫖娼，偷懒不好好保养军舰装备之类的事儿，都已经算不得新鲜的了。而在这各种奇葩里头，他丁汝昌自然也当仁不让地占了好几朵，比如说丁大人在刘公岛上置房产数处，然后当宿舍分租给手下管带及高级军官，收取数额不等但绝不会亏本的房租；而属下基本都算给面子，除了一人之外，其余人都乖乖地每月住他的房纳他的租。

这真是君子爱财取之以道。

说来也巧，那位死活不肯给丁老大当房客的家伙，居然也是北洋水师高级军官里头罕见的没有出洋留学经历的人，那便是邓世昌。

邓世昌这个人吧，一言以蔽之，北洋舰队里最强的舰长。但他一个人强也没用啊，总体说来，当时的北洋水师在"人和"这一方面，存在着相当巨大的缺陷，上不能御下，而下又不肯服上，说白了，一盘散沙。

然后就舰队本身的装备而言，北洋也存在着不小的问题。5月的演习实际上就是一次演戏，北洋的火力完全不是传说中的那么无敌，这个我们先放一放，待会儿再说。总之，在战与不战这方面，丁汝昌是和李鸿章保持了高度的一致。他很明白，这样的部队拿出去开打，是要出大事的。不过，即便不出去打仗，该干的活儿还是得干的。

9月17日，北洋水师出动战舰12艘，护送四千陆军走了一趟朝鲜，正在返航途中开到黄海海域。突然前方来报，说迎面发现日本舰队，敌舰十余艘。

此时刚好是上午十点半。

虽说日本人早在此之前就已经发现了北洋，但这早却也早得有限。话说在10点23分，联合舰队正游荡在黄海，突然吉野号上有个小兵看到前方冒着阵阵烟雾，而且一冒就是十来根，于是连忙报告了游击队队长坪井航三。坪井队长认定，这是北洋舰队。

仇人相遇，分外眼红，虽然李鸿章三令五申避敌避战，但如此狭路相逢的，真要掉头就走，那也走不掉啊。

这是一场典型的遭遇战。

在开打之前，个人认为很有必要先做一件事，那就是把两军的基本战斗力数据给罗列一下，这就好比你跟人打架或是看人打架的时候，总得知道双方攻击力各多少、暴击各几何，不然被人会心一击地倒地不起了，却连别人攻防数字都不知，岂不是太冤太糊涂了？

当日黄海，清日两国各有主要（注意主要二字）舰船12艘，就数量而言倒是对等的。

其中，大清的旗舰是传说中的定远号，排水7335吨，最大炮力是300（mm）×4（门），速度14.5节。

然后是镇远号，它的三项数据与定远号完全一致。

接下来，是来远（2900，210×2，15.5），经远（2900，210×2，15.5），靖远（2300，210×3，18），致远（2300，210×3，18），平远（2100，260×1，11），济远（2300，210×2，15），超勇

（1350，100×2，15），扬威（1350，100×2，15），广甲（1296，150×2，15）和广丙（1000，120×2，17）。

括号里的数字从左到右分别是排水量（吨）、最大炮力（口径mm×门数）和速度（节）。

此外，广甲跟广丙都是铁骨木皮，和之前在丰岛冲自爆的广乙一样，都是从福建水师那儿给调拨过来的。

日本方面，旗舰是三景舰之首的松岛舰，排水量4278吨，最大炮力32（mm）×1（门），速度16节。

其余的11艘，分别是严岛（4278，320×1，16），桥立（4278，320×1，16），扶桑（3777，240×4，13），千代田（2440，120×10，19），吉野（4216，150×4，23），浪速（3709，260×2，18），高千穗（3709，260×2，18），秋津洲（3709，260×2，18），比睿（2248，170×2，13），赤城（623，120×4，10）和西京丸（4100，120×1，15）。

如果你觉得最后那艘西京丸看着相当眼熟的话，那就对了，因为此船正是当年金玉均坐着去上海的那艘商船，被改造成了军舰，专供前海军大臣、时任海军军令部部长桦山资纪坐着亲临战场。虽然听起来挺危险，但桦山部长说了，爷不怕。

这里要插一句的是，双方尽管数量上都是12艘，但编队方面有点不同。日本那边我们已经说过了，有本队、游击队跟别动队，其中本队的军舰有松岛、严岛、千代田、桥立、比睿和扶桑；游击队由吉野、浪速、高千穗和秋津洲组成；别动队就两艘，西京丸跟赤城。

而北洋水师则分了四个编队，分别是中央队、右翼队、左翼队和别动队，中央队为全军核心，就两艘船，定远和镇远；右翼队四艘：扬威，超勇，经远和靖远；左翼队也是四艘：来远、致远、济

137

远和广甲；别动队两艘：平远和广丙，同时附带两艘鱼雷艇。

以上就是两国当天的数据，我们先做一个初步的分析吧，从表面上看，北洋水师貌似占了不少的优势，因为无论是最大的军舰还是最强的火炮都在他们那一方。

如果这是一场游戏的话，那么北洋就是战士，在防御力和攻击力上占据着绝对的优势。

而日本的优势，则在于速度，如同刺客。除了表面上的航速普遍要比对方快出两三节而吉野号更是以 23 节的速度居于两军之首外，联合舰队还具备了另一个速度方面的绝对优势——攻速。

游戏宅应该都知道，很多时候我们宁可放弃 100 点的攻击力也要多加 10 点的攻击速度。

举个例子，你一秒钟能打我一拳，每拳我掉 20 点生命值；而我每秒钟能打你五拳，每拳你掉 10 点生命值，纵然你的生命值是我的两倍，我们俩谁死得更快？

尽管大口径火炮数量确实不是北洋的对手，但在中口径火炮方面，联合舰队占有了对方根本难以比拟的优势，清国海军在 10 分钟里，120mm 及以上口径的火炮总共能发炮弹 274 发，而日本人在这方面的数据则是 2520 发，火力输出基本在 1 比 10 左右。

其实李鸿章早在开战之前也说过，日本人炮速为我方十倍，不能轻易言战。

结果翁同龢说你居然敢长他人威风灭自己志气，你还是不是中国人？对了，听说你儿子李经方的老婆还是个日本妹子，说，你个狗汉奸拿了那么多军费养了那么多海军却不肯打倭寇，究竟是何居心？

李经方是李鸿章过继来的儿子，虽不是亲生但胜似亲生，清光绪十六年（1890 年）出任过驻日公使一职，因为混得开会来事儿，所以深受明治政府上下喜爱,甚至有传闻说天皇打算把自己的义女嫁给他为妻。

实际上李经方的老婆们,无论是妻是妾,都是中国人,并无日本籍,只不过因为他跟日本朝野走得近,所以看李家不爽者诸如翁师父这样的愤青,便编排了这样的谣言,这跟今天的什么盆景、猫军、刀楼的属一个级别的玩意儿,信了你就傻了。

可朝堂之上傻人还真不少,虽不知是真傻还是装的,反正翁同龢的爱国口号一出,大伙就纷纷指责李鸿章畏敌不出,以至于李大人百口莫辩,不得不当众表示不顶不是中国人。想想也挺悲催的。

而黄海这边,人类史上第一场由铁甲舰对铁甲舰的世纪末大海战,就此拉开了序幕。

两军对垒,各自做的第一件事,便是布阵。

丁汝昌摆出的是横列阵,也叫楔形梯队。此阵传承于世界海军名将冯·特格特霍夫,这人在公元1866年的利萨海战中,率领较为弱小的奥地利海军战胜了看起来很强大的意大利海军,用的正是横列之阵。从那之后,横列阵就几乎成了各国海军的例行惯用之阵,这就跟某个人买了某支股票赚了一票之后大伙纷纷跟着买相同的股票是一个道理。

下令摆阵之后,丁汝昌还添了一句:"各小队须协同行动;始终以舰首向敌;诸舰务于可能之范围内,随同旗舰运动之。"

而联合舰队的司令官伊东佑亨,则摆出的是单纵阵。

当时单纵阵还是一种比较新的概念,距提出也不过十来年光景。虽说各国海军在训练中尝试此阵型的大有人在,而且试完之后也都说好,但终究不过是训练中罢了。真要拿到决定国运的战场上摆出来,那着实是需要勇气的。

所以后来就有人说光从布阵上就能看出日本人思维新颖而大

清想法陈旧,这是不对的。

就事论事而言,横列阵的意义在于冲角战术,就是用船头的冲角将敌舰撞翻的一种战术,而北洋很多军舰都自带那玩意儿;但丁汝昌下令布此阵的原因还不仅仅在此,北洋舰队大口径火炮占优,而多布置在艏部,因此要发挥火力则更适宜采取横阵。

至于日本方面采用的单纵阵,是因为日本的中小口径火炮多位于船舷,而且单纵阵较之横列阵本身就需要舰队具备相当的航速,同时对于指挥的要求也更高,显然,不适合丁汝昌。

总结说来,双方都选择了正确的阵型,并不存在什么新颖或是陈旧。

因为舰队不是中学生,说一句立正稍息,向右看齐就能迅速排完阵型的,从互相发现到命令传下到各舰散开再到列阵完毕进入战斗状态是很花费时间的,比如这一天,他们就用了两个小时。

12点50分,由松岛号打响了第一炮,目标是和自己间隔5000米的北洋旗舰定远号。

而定远号也毫不示弱地开火还击,目标是距离自己5800米外的吉野号。

然后炮弹掉进了海里。接着丁汝昌从飞桥上掉了下来,摔断了大腿。

这是一个我们自幼便耳熟能详的故事:由于定远号缺乏妥善的日常保养以致年久失修,船身结构早已陈旧不堪。在打响了之前的那第一炮后,因为震动,使得飞桥被震塌,正在上面的丁汝昌不幸坠落,跌断了腿。

不得不说一句,此乃谣言是也。

定远的飞桥并不在主炮上面,主炮再怎么震动,也不至于直接震塌了那玩意儿。真实的情况是在双方开打3分钟后,一发炮弹击中了飞桥所在的桅杆，导致桅杆断裂。正在上面指挥全局的丁汝昌猝不及防，猛地被甩了下来并且面门着地，断了一条大腿。

但不管怎么说，丁提督的那条腿确实是断了，想要接着指挥作战实在有些勉强，只好被手下抬了下去，明面上由刘步蟾接任战场总指挥，实际上北洋舰队从此刻起，就算是再也没有了指挥官。

另一边，完全不知道北洋水师已经有如此变化的联合舰队则按照原定计划开始战斗，在伊东佑亨的命令下，本队、游击队和别动队展开三队分离，其中本队意图利用本身的高速运动到北洋水师的背后展开攻击，而游击队的打算比较复杂，他们先是准备跟本队走同一个方向，绕到北洋背后，因为北洋舰队不可能什么都不干傻戳着让人干他屁股，必定会转身回防。就在这转身的空隙，游击队便会利用他们比本队更快的速度打个迂回，重新开到北洋的正前方，和本队实行两面夹攻。

至于别动队，伊东佑亨说了，你们的任务就是好好活着。谁也不指望623吨的赤城跟由老百姓船改装而成的西京丸能在这场海战中打出什么贡献来。更何况西京丸上还坐着前海军大臣、时任海军军令部部长桦山资纪。这位祖宗要出了个三长两短，那可就麻烦了。

纵观世界海军史，联合舰队本次使用的运动战术不得不说是非常超前的。在那个时代的各国海军，虽然在海战编队的时候都会弄一个游击队、别动队，但实际上他们一般既不游击也不别动，往往是跟着本队共同行动，就如同北洋水师一般；而让游击队独立于本队基本自主作战的手法，日本人几乎可算是头一份。

下午1点05分，联合舰队的游击队终于摸到了北洋的右侧。在冲最前头的吉野号带领下，大伙纷纷冲着列阵最右的超勇和扬威开起火来。这两艘船本身就不怎么能打，30分钟后，超勇船上燃起熊熊烈火，随即沉没。而扬威号也架不住这般火力，管带林履中不得不下令后撤，脱离了主战场。

平心而论，从打第一炮开始算，不到一个小时，就干掉了对方两艘船，应该讲联合舰队是打得相当不错的。本来嘛，自然当是胜不骄地再接再厉，争取更大硕果，却不想意外发生了。

日本的作战方案我们之前说了，本队绕后侧，游击队打迂回，别动队随便晃，只不过本队之中，各船速度有快有慢，比如航速皆为13节的比睿跟扶桑，就落在了后面。松岛它们都快跑到预定位置了，这两艘船还跟开得更慢的赤城号一起跟在后面慢慢地晃荡。

倒是西京丸，开得很快，全然不顾自己的同伴赤城，跟着松岛号它们一起直插北洋的身后。

本来摊上这种事情虽说无奈，但也实属正常，毕竟你买的就是航速13节的船，要能开得跟吉野一样快，那卖船的该不高兴了。可既然是落后头了，那你就乖乖地跟着呗，可有人偏偏不干。

比睿号的舰长，叫樱井规矩之左右，但这哥们儿根本就不规矩。当日他看到自己离本队越来越远，不禁心生一计，命令手下调转船头准备抄近道。

手下很莫名地问舰长，这海上哪来的近道？

"我们从来远和定远之间穿过去，这样便能直接插入敌军背后。"

这倒是真的，俗话说两点之间直线最短，与其绕个大圈子跑人后头还不如直接穿插到位。可问题是当你从来远和定远之间穿行而过的时候，对方打你怎么办？对此，樱井舰长表示不要怕，我们就是来打仗的，挨打算什么？当时来远和定远之间相距不到500米，比睿从两舰中间穿插而过，说难听点就是特意过去给人当靶子让人赚经验的。北洋水师当然不会放过如此厚道的买卖。

一时间，炮声大作，不光是定远和来远，就连其他的北洋军舰也纷纷上前凑热闹，比如济远方伯谦、广甲吴敬荣等都下令自己的军舰脱离原有位置或远或近地掺上一脚。

在受了四面炮击之后，比睿的下场不消说是很凄惨的，不仅船体本身被打了个体无完肤，军旗被打烂，后樯更是遭到了定远巨炮的轰击，引起了甲板大火，数十名官兵当场死亡。

在这熊熊烈火之中，樱井规矩之左右咬紧牙关，命令手下豁出一身剐也要冲出去。也算是功夫不负有心人，尽管船被打得都不能看了，但好歹也还没沉，就这么一身破烂地冲出了包围圈，顺便还搞乱了北洋的阵型，被后世誉为豪胆建奇功。

比睿号冒死穿越火线落了个半残，这没什么，倒不是说它没事，只不过更糟糕的事情还在后头。

却说就在比睿号掉头走后的那一刻，有一个人傻眼了，那就是赤城号舰长坂元八郎太。

其实本来这哥们儿是打算就这么慢慢地跟在后面蹚浑水，一直蹚到跟上大部队为止，结果谁也没想到比睿号玩了这么一手，坂元舰长顿时就无奈了，因为他既不敢像比睿号那么玩命，可本身速度又提不上去，于是就出现了一幕惊险异常的景象——联合舰队的本队跟游击队都聚集在北洋的右侧打着炮战，没什么火炮力量的西京丸也挤在里面很风骚地打着酱油，而比睿号正独自一人上演明治版的兰博，剩下的那赤城号，则孤零零地暴露在了北洋舰队的正前方，确切地说，是众多主炮的炮口之下。

还有什么好扯的，天时地利人和，挨打吧。

在距八百余米外的北洋左翼轰击之下，赤城号伤亡惨重，先是被击毙了少尉候补生桥口户次郎，接着海军大尉佐佐木广胜也被打伤，然后到了下午1点25分左右，定远后部15公分克虏伯炮，精准地击中了赤城舰桥右侧速射炮炮楯，打死炮手2名。同时，还有

143

一块弹片飞插进了坂元八郎太的头颅,发出了非常响亮的"啪"的一声。至于人嘛,则是当场毙命。

坂元八郎太是这场海战中联合舰队唯一阵亡的舰长级人物。他死后,赤城号由航海长佐藤铁太郎临时顶替成为代理船长,但佐藤代船长上任还不到五六分钟,就中了头彩——来远号又一发炮弹命中赤城的甲板,飞出来的弹片将他当场击伤,之后北洋群舰轮流放炮,又将大樯轰倒。虽说赤城号到底也没被打沉,但船上人员的伤亡却极为惨重,尤其是军官,几乎全员战死。

但这还不是最让人抓狂的。

差不多就在坂元八郎太战死的同时,联合舰队本队顺利到达北洋舰队后侧,伊东佑亨非常淡定地下令旗手打旗语,命令游击队迂回至北洋正面,然后施行两面夹击攻势。于是游击队就在吉野号的带领下,整齐划一地向后转去,奔赴预定现场。

这真是要了命了。

你仔细想想,此时此刻北洋水师的右后方,除了本队、游击队,还有什么队?

没错,还有别动队,准确地说就是西京丸,再准确地说,是桦山资纪。

伊东佑亨的旗语是打给游击队的,西京丸即便看到了也不会当一回事,然后游击队接到了命令就走了,于是西京丸就落单了,跟赤城一样,也孤零零地暴露在了敌方的炮火之下。

但桦山资纪非常镇静,明明是已然深陷虎口了,这祖宗却一点不着急,相反还命令旗手打旗语给松岛舰,说你先别让游击队迂回了,先让他们去救比睿跟赤城,救下这两艘船然后再开打。

毕竟是海军军令部部长,伊东佑亨不能不服,于是吉野号它们便朝两艘正挨着打的僚舰开去,准备施以援手。

桦山资纪见状还不住地点点头:"这就对了,可不能对同伴见死不救啊。"

正说着,一个士兵冲了进来:"大人,松岛号发来旗语,让我们赶紧避战!"

其实就在伊东佑亨打出旗语让游击队迂回的一两分钟后,哥们儿就立刻反应了过来,自己把西京丸上的那位爷丢下了。眼看着这祖宗已然是暴露在了敌人的炮口之下,想要去救恐怕来不及,于是只能发旗号,意思是这里危险,爷您看着逃,能逃多远逃多远,甭客气。

这话说得叫一大方,可桦山资纪压根儿就没法逃,因为北洋水师很快就发现了落单的西京丸,尽管未必知道这船里头坐的是什么人,但本着到嘴肥肉不吃对不起列祖列宗的心态,迅速地出动了定远、镇远和来远三舰,朝西京丸包抄了过来。

比三艘舰到得更快的,是先飞过来的炮弹。

第一波炮弹,命中西京丸的有三四发,其中一发直接把船长室都给打穿了,幸好是没打着人。

手下问桦山资纪怎么办,桦山部长稳如泰山:"逃吧。"

然而还没来得及逃几步,第二波炮弹又来了。这波比上一波更要命,因为有一发也不知是来自定远还是镇远的305mm口径炮弹,非常精准地打中了锅炉房。一时间西京丸连船都开不动,最后又是抢修又是换成人力,这才勉强又重新动了起来。

于是手下又问桦山部长说这眼瞅着逃是逃不掉了,怎么办?

桦山资纪依然是一副面不改色的模样:"那就别逃了,往前冲吧。"

见手下愣在那儿没走,他又补充道:"你慌个鸟,把船贴着定远号开,我就不信他敢拿炮轰自家的旗舰。"

手下觉得反正这样待着也是个死,还不如拼他一回。

消息传到驾驶舱,开船的铆足了马力,直逼定远,中间虽然又中了几炮可也问题不大。没一会儿,就顺利地来到了定远边上。果然,镇远和来远投鼠忌器,再不敢跟刚才那样大鸣大放了,趁着这个机会,西京丸一路狂飙,带着一身弹痕总算是逃出了三舰的火炮。

只是没想到这一波未平一波又起,正当西京丸上下高呼菩萨保佑天皇万岁的当儿,斜刺里突然杀出了一条北洋的鱼雷快艇,二话不说,对准西京丸就是一发。

此时两船相距不过500米,但可能还是离得太远,所以这一发没打中,从西京丸的左边擦身而过。

面对泰山一而再再而三地崩于眼前,桦山资纪再也装不了淡定了,他站起身子大喝一声:"给我打那艘鱼雷船!"

顷刻,一声更响的声音传来过来:"报告将军,炮坏了!"

西京丸当时就装了一门主炮,120mm口径的,结果就是这门炮,临时出了故障打不响了。眼瞅着大清的鱼雷艇越靠越近,日本人却只能是紧紧抱着炮筒子什么也做不了。

在靠近到离西京丸还有40米的时候,鱼雷艇发射了第二发鱼雷。就连向来天地不畏鬼神不怕的桦山资纪都觉得,自己的人生到此为止了。结果这第二发,仍是没打中。距离40米,射一发鱼雷,居然没打中,对此我无话可说。

桦山资纪也无话可说。不过他是有话也不能说,因为逃命要紧,不然等第三发来了,万一打中,自己就翘了。此役,西京丸中弹12发,但阵亡数仅为1人,这不得不说是一个奇迹。

第十章 国殇

比睿、赤城以及西京丸这三艘船那么一闹腾,让好不容易打出一个不错开头的联合舰队陷入一片乱局,尤其是那西京丸,甚至有说法认为赤城号之所以被打得那么惨,全是因为想救西京丸而吸引了火力;但与此相对,因为这种完全不按牌理出牌的行为也让北洋一时不知所措,所以整个战场等于是被这三根搅屎棍给搅得一片混乱,前途完全无法预测。

下午三点,西京丸退出战场。联合舰队全体在欢送活祖宗离去之后,继续和北洋水师激战。此时的战场是一片胶着的僵局,双方都重新整队完毕然后各自隔着一片海在那里互相放炮,虽说是各有损失也各有斩获,但好一段时间都无法打破原有局面。

本来按照这么僵下去多半就是打到天荒地老、煤尽弹光然后不了了之,却不承想在这时候,有个人毅然决然地站了出来,决定做一番惊天动地的举动,打破现有的僵局。那人便是致远号管带邓世昌。

当时邓管带一面打炮一面注视着整个战场,发现吉野号仗着自己速度快,横冲直撞,气焰十分嚣张,目测是对方的灵魂人物,于是便对身边的大副陈金揆说道:"日本舰队所仰仗的,也就是那艘吉野。只要想办法弄沉了它,那我们就能扭转乾坤,大胜敌寇

147

了。"

对此陈大副点头称是，接着询问领导怎么个弄沉法。

邓世昌表示：将其撞沉。接着，在没有得到任何上级指挥官批准和同意的情况下，致远号从北洋阵中冲出，径直地朝着吉野的方向开了过去。

根据大众的一般印象，或者说根据一部著名影片的说法，此时的场景应该是这样的：邓管带怒火中烧，把辫子猛地一甩，缠在脖子上，手紧握舵把子驾驶着已经打光了所有炮弹的致远号向敌旗舰撞去，同时嘴里还喊着名台词："开足马力，撞沉吉野号！"然后就壮烈牺牲了。

我一直觉得这是在侮辱邓世昌，好好的一个民族英雄就被刻画成了滚刀肉，弹尽粮绝了打不了了，那就跟你拼命了，这算个什么事儿嘛。

邓世昌撞吉野，这是真事儿，但绝不是因为没得打了而做出的鱼死网破之举。

致远号的船底下有非常强大的冲角，是专门用于近战时撞人船的，这是其一；其二，我们之前说过，吉野号是一艘为了提升速度而大大削弱防御的船。也就是说，致远号管带邓世昌一眼就看出，对付吉野号的最好办法，就是近身战。

这是一个很精准的判断，足以看出邓世昌尽管没留过洋但在海军作战水准方面却丝毫不逊于那些喝过洋墨水擦过洋甲板的主儿。

不过精准归精准，却不能说这是个完美无缺的作战方案，最起码因为致远号的这么一冲，原先北洋排得好好的阵型，就给冲乱了。

阵型冲乱了，会怎样？如果北洋舰长人人都是邓世昌，那阵型乱就乱了，大家可以迅速再组。但问题是，邓世昌只有一个啊。

顺便一提，后世有很多人认为邓世昌撞吉野还有一个不明智的地方在于这是一件不可能完成的任务，理由是两船航速相差太大，吉野 23 节，致远不过 18 节，追都追不到更别提撞了。我只能说这么看的人都属没常识，吉野 23 节那不是一开引擎就能飙到 23 的，是需要加速度的，此刻这船正打炮打得欢，真要贸然杀出一条船来撞，是不可能百分百避得开的。

事实也确实如此，当坪井航三看到致远号脱离了阵型，直冲着自己奔来时，第一个反应不是下令逃跑——他知道根本跑不掉，而是命令手下开炮，务必在撞到自己之前击沉致远。但这显然很难，毕竟大家都是铁甲舰，哪儿那么容易就让你给打沉了。所以吉野号上的大伙普遍都很慌，游击队长坪井航三跟舰长河原要一也不例外。

这一天，邓世昌意气风发，他站在船上，盘着辫子，挂着望远镜，双目如炬，死死地盯着离自己越来越近的吉野号。

他不知道的是，他已经在这场战役中犯下了一个最大的错误，那就是他以为大家的能力跟他大致在一个水平线上。他以为，自己这么一冲出去，边上的同伴该掩护的会掩护，该辅助的会辅助。想多了不是？

"瞄准吃水线，开炮。"这是画外音。

就在邓世昌的世界已经被他浓缩到了仅限于致远和吉野两船之间且志在必得认定了自己将成为北洋水师今日获胜最大功臣的时候，在异次元，响起了这么个微弱的声音，音量不大，但很淡定，宛若在说邻居家今天又买了什么小菜。

相信你已经猜出来了，此人正是东乡平八郎。

话说当时浪速就在吉野号不远处，眼瞅着那致远号就这么不顾一切地撞过去了，而且周围连掩护都没有，东乡船长顿感机会来了,当即下令手下打他一发黑炮。

浪速的那发炮弹很精准地打在了致远号的吃水线上,接着又是一发,打进了锅炉房,一下子就引起了浸水外加大爆炸。

致远号就这么沉了。海军之星邓世昌一下子就从天上,掉到了海里。同时落水的,还有太阳——我指的是狗。

且说邓大人这一辈子薄名寡欲不贪财不好色,唯一的爱好就是养狗,就算在军舰上也不例外。哥们儿弄了一条德国种的狗子整天带来带去,还想了个挺霸气的名儿,叫太阳。

有人说邓世昌在军舰上养狗是违反军令的,这是不对的。我翻过北洋海军章程,里面并无明文提到不许管带在军舰上养宠物。

言归正传,邓世昌掉海里之后,手下赶紧抛了个救生圈过来要想救人,但被他义正词严地拒绝了,表示自己立志杀敌报国,现在能死海里,正是大义所在,别无他求,这救生圈你们还是给别的同志吧。

而爱犬太阳一看主人落水又不肯抱救生圈,也赶紧忠心耿耿地游过来,咬起邓世昌的胳膊就往可能是海岸的方向游,但被邓管带一把摁住脑袋,然后一人一狗一起沉入了大海……

致远号管带邓世昌战死,终年46岁。

接着,就在致远号沉海不久,北洋舰队里又擅自走了一艘船,那便是方伯谦的济远号。

只是跟致远号不同的是,他方管带并非出阵杀敌,而是临阵脱逃——哥们儿直接掉转船头,朝着中国大陆方向开去。

相当不幸的是,济远在跑路途中,慌不择路,一头撞上了在开战之初就被打残而退出战场,此时正搁浅着不能动弹的扬威号,并且当场将对方给撞沉了。

更为不幸的是,在济远号逃走之后,本来就在它边上卡位的另一艘军舰广甲号，以为胜利大逃亡的时间到了，于是也开足马力，朝战场外奔去。

如果不算广甲的话，那么方伯谦的济远号，则是近代海战史上唯一一个在海战之中连人带舰临阵脱逃的例子。

一连两艘军舰逃出战场，这对北洋而言显然是个相当不小的打击，但毕竟定远、镇远这两艘箱底宝货还在，可谓是元气未伤，所以虽然伊东佑亨下令联合舰队暂且不管北洋其他，先合力围攻定远、镇远。可两巨舰却毫无惧色，兵来将挡针锋相对地跟日本人干上了，其中定远号一发305mm炮弹直中松岛，顿时死伤一片。在那群被炸飞上天的人里头，有一年轻的水兵，名叫三浦虎次郎。

虎次郎那一年只有19岁，是松岛号上的三等水兵，职责是看弹药库。这孩子飞上去又落下来之后，并没有当场牺牲，而是浑身冒着血还在那里喘息着，所以大副向山慎吉少佐连忙跑了过去，查看他的伤势。

伤很重，说难听点三浦虎次郎这会儿只剩一口气了，全凭个人意志在那里撑着，嘴还一张一合，貌似有什么话要对向山慎吉说。

于是向山少佐把耳朵凑了过去，同时也大声道虎次郎啊你有什么话就快说吧，我们大家都忙着呢，天知道待会儿再来一发炮弹这躺倒在这儿的会不会是我。

其实三浦虎次郎这会儿已经不行了，可以说是意识模糊了。这并非是我的瞎猜或是编造，因为他紧接着就说出了这样的一句话："少……少佐……定远号……被我们打沉了吗？"

这绝对是被打糊涂了，当时定远号正发着威呢，哪可能被松岛给打沉。但向山慎吉显然不能把真话说出来，毕竟大家战友一场，能让你舒舒服服地走就决不让你痛苦不堪地死，只是哥们儿又不好意思睁眼说瞎话把那么大一艘船给说沉到海里去，于是只能想了个比较折中的说法："嗯，定远号已经让我们打得不能动弹了。"

片刻后，虎次郎便这么躺在向山少佐的怀里离开了人世，带着一脸满足的笑容。

战后，向山慎吉将虎次郎的故事告诉了一个自己认识的书店老板。说来也巧，这老板正好是报社的业余通讯员，于是此事便通过报纸被当成年度正能量给扩散传递了开来。当时著名的歌人佐佐木信纲还以此为蓝本，谱歌《勇敢的水兵》，被全日本传唱一时。

这当然是后世为了宣传需要而抓了个典型，实际上到底是三浦虎次郎还是四浦虎次郎这都不重要，关键是松岛号上的一个英勇的士兵被定远号打中了，只要让广大日本老百姓知道这事就行了。

话再说回当日战场，虽说向山慎吉对虎次郎说的那话纯属临终关怀、充满着善意的谎言，但实际上当时定远号的情况也确实不容乐观：丁汝昌早在开战前就已经被打得快瘫了，据说是为了让士兵们不消沉，还特地让人抬着出来坐甲板上观战以鼓舞士气；而那管带刘步蟾虽说是全须全尾吗事儿没有，但却指挥得并不得当，可以说定远号从开打到现在，尽管也有过打人的时候，比如打死了著名水兵三浦虎次郎，但通常情况下还是挨打居多。之所以没被打沉，全靠天生那一副厚重装甲，说句夸海口的话，就算这船戳海上一动不动任那联合舰队轮番开炮，就凭它这防御实力，也没有一艘日本船能将其击沉。

其实同样遭遇的还有日方旗舰松岛，虽说是弄了一门看起来牛气冲天的大口径主炮，但实际上吗用没有，毕竟炮大船小它受不了这后坐力，开一发就得震三震再退一退，所以只能挨打。

下午4点07分，因挨打次数过于频繁，以致松岛船上火灾遍地。为了不让船被烧成灰或是烧得沉下去，伊东佑亨不得不挂起不管旗并下令一边救火一边撤退。

不管旗就是"我不管了你们自己随意行动吧"旗的简称,说白了其实也意味着松岛号放弃了指挥作战的旗舰功能。这不得不说是一件好事。

我们之前有说过,单纵阵较之横列阵,对指挥官的指挥能力有着更高的要求,也就是说,这个阵型指挥起来难度很高。而由于这种难度的存在,很可能直接导致发挥不出应有的实力。

现在不指挥了,难度也不存在了,兴许,就提高战斗力了。更何况浪速啊吉野啊那几艘跑得快又能打的船,本身就是独狼,天性爱好单刷任务,现在伊东佑亨不管了,正好。

下午 4 点半,联合舰队再度变阵,本队诸舰开始朝旗舰松岛靠拢,以便给予保护,而游击队则全线出击,自由地在浩瀚的大洋上尽情地撒丫子。

20 分钟后,吉野移动到了经远号跟前,经过一阵猛烈的炮火轰击,仅用了四五十分钟,就把经远号给打得着火沉海,管带林永升也在炮战中被吉野一发爆头,当场阵亡。

经远虽然一度仍在海上挣扎,但毕竟伤势过重,最终还是非常残念地沉入了海底。

至此,北洋水师已经被打沉了致远、经远、超勇、扬威和广甲 5 艘军舰,等于是伤亡过半,剩下几艘还浮在海面的,其实也是伤痕累累,要想再打下去,着实困难,所以此时北洋实际上已经处在了一个且战且退的状态中了。另一方面,以吉野号为首的第一游击队则完全没有罢手的意思,北洋退一步他们逼一步,俨然一副"宜将剩勇追穷寇"的样子,但事实上日本人的损失也不小,更何况打了一天了也耗了不少煤,所以在下午 5 点过后,眼瞅着吉野号它们越追越远,伊东佑亨连忙让人打出旗语,要求游击队归队,同时也下令全体其他战友:准备收工。

下午5点半，联合舰队整队完毕，发出了停止战斗的信号，北洋水师那边也收拢了舰队，双方各回各家。

此战结果，北洋沉船5艘，战死包括林永升、邓世昌等管带在内共700多人，挨炮弹700余发。

日本方面，船倒是一艘未沉，但松岛、比睿、赤城和西京丸四艘受了重创，必须拖回修理厂好好整修一番。此外，联合舰队的战死者为298名，其中包括了坂元八郎太舰长，受弹数为131发。

从攻速来算，貌似北洋的命中率还要来得高一点点。就此，黄海海战画上了句号。

照例，得说点什么。

首先得掰扯掰扯关于此战的胜负，这也是历年来很多人都很关心的一个问题，毕竟朝九晚五地打了一整天的，至少谁赢谁输总得搞明白。

黄海海战，就事论事单从战场情况而言，个人认为应该是平局。虽然北洋沉了不少船，但并非战败，而联合舰队尽管一艘未沉，却也没有获胜，最好的证据就是在当天5点多，双方是各自撤军，没有哪一方说是要乘胜追击之类的。大家实际上都是打不下去了，打不动了，那就散了吧。

但是从整体战略的角度来看，却是日本获得了胜利。因为海战之后，北洋大臣李鸿章下令北洋水师死守威海卫，不得再擅自出战。这一决定先不论对错，至少他把制海权拱手让给了对方，让日本取得了这场清日之战的制海权。从此之后，大清要想再派兵去什么朝鲜，只得跨鸭绿江，走陆路。

如果从这方面算，黄海海战，北洋水师其实算是输了。

于是第二个话题就出来了，为什么会输？

关于这事儿，通常的说法有很多，比如说北洋军费给太后造了园子；再比如北洋炮弹不足，有舰无炮；还有说法就是北洋上下贪腐成性，很多炮弹都是假冒伪劣产品，里面填的都是沙子，等等。

大致三条，我们一条一条地来看。

第一条，有关军费与太后，这个我们之前说过了，所以就不重复了。

第二条，炮弹。

许多人都认为北洋水师因为上下贪污风行，把很多用于购置军备的钱款私自纳入囊中，以致炮弹不足。在很多历史或是文学作品中，更是会对定远和镇远两艘巨舰进行一番特写，说它们虽有巨炮，但却无炮弹，纯属聋子的耳朵，不过一摆设。那么，事实的情况真是如此么？

关于北洋的弹药供应问题，一直是多年来的争论热点。除了参战的北洋水军上下众口一词表示自己打仗的时候少炮弹，就连日本那边也有相关记载：以定镇两巨舰为例，整场海战中，定远发射305毫米炮弹120发，150毫米炮弹100发；而镇远则发射305毫米炮弹94发、150毫米炮弹148发。两舰共发射305毫米炮弹214发，150毫米炮弹248发。定镇两舰共有305毫米克虏伯炮8门，平均每门炮发射约26.75发，而标准每门炮的备弹是50发，那么两舰的305毫米克虏伯炮所发射的炮弹只有正常基数的53.5%。根据当时船上很多人的说法，在打完那会儿，两舰残余炮弹也已经不多，那么即使加上剩余的弹药，备弹也远不到正常基数的60%，显然弹药储备严重不足。就此我们得出了那个多年来一直都能朗朗上口的结论：北洋水师有炮无弹，徒有虚名也。

如果不是后来发现了一份名为《北洋海军各船大炮及存船各种弹子数目清折》的禀帖，上述说法俨然就已成了既定的事实。

这份禀帖的作者是当时的直隶候补道徐建寅，里面记载了北洋海军舰上和库存的主副炮炮弹数量。

根据徐大人的统计,当时北洋海军舰上和库存的主副炮炮弹数量为:305毫米口径炮开花弹403枚、钢弹244枚,260毫米口径炮钢弹35枚,210毫米口径炮开花弹952枚、钢弹163枚,150毫米口径炮开花弹1237枚、钢弹202枚,6英寸口径开花弹477枚、钢弹23枚,120毫米口径炮开花弹362枚、钢弹38枚。

于是我们可以得出两种答案。

A:北洋水师并不存在缺弹少药的情况,无论是士兵口述跟日本记载都是瞎扯。

B:北洋确实有充足的弹药,只不过黄海海战的当天,没带出来,放仓库里了。

如果是A,那么也就没啥好说的了;如果是B,其实也没啥说头,只是要多问一个责任人,谁该为没把炮弹带出来而负责?那当然是北洋提督丁汝昌啊。早说了,北洋人和问题的根子,就在这哥们儿身上。

第三条,沙子。

关于炮弹里掺沙一说,我要没记错的话貌似典出自某部拍了有半个世纪的著名老电影。在那部电影里,除捧红了一咬牙一跺脚一甩辫子就开着致远号往吉野那里撞的邓世昌形象外,还弄了一个至今很深入全国人民之心的段子——北洋某舰一发炮弹击中日本某舰(疑似吉野),但是炮弹没爆炸,事后才知,该弹被偷工减料之人往里掺了沙子,系伪劣产品。

此事经过大致是真的,吉野确实挨过那么一发炮弹,在海战中也不知道是北洋的哪艘船哪门炮一发命中了吉野的火药库。本来大家伙都以为玩完了,可却并没有出现预料中的大爆炸,后来经过检验,才明白这弹头里装的是沙子。

但这绝非造炮弹过程中的偷工减料,而是在开炮的时候,炮兵没弄明白炮弹的种类。

那年头的海战,多用两类炮弹,一种是开花弹,一种是穿甲弹。前者里面放炸药;后者用来砸东西,里面填沙子。说实话打火药库的那发炮弹,初衷多半是想打船上的人,所以本当用的是开花弹,若真用了这弹,则很有可能因里面的炸药而引发整个弹药库的爆炸,那此战孰胜孰负就真的很难说了。结果哥们儿也不知怎么搞的,随手拎过来一发填沙的穿甲弹,打倒是打中了,可也就打出了一个坑,还顺带着连累了造炮弹的诸工匠们——我要是没记错的话当时造炮弹都是流水线,谁有那闲心思专门给你的炮弹手工灌沙哪?

总结起来一句话,黄海海战,北洋水师上下虽然有着各种各样的问题,但大体上而言应该算是竭力而战了,尽力了。

至于这到底为何能打成那德行,亚洲第一、世界第六的海军为啥活生生地就让制海权给人夺了去,这里面的原因你先别急着问,我也不急着说,咱放到后头慢慢讲。

在此,我们先聊一聊另一件事儿——黄海海战,北洋水师中表现最好的舰长是谁?

其实真的是邓世昌。

整个黄海海战,朝九晚五打了小半天,致远号的走位一直是在最前线,能跟致远比走位的,只有作死能手西京丸。最后关头,拿撞角近战脆皮小鲁班吉野号但功亏一篑之举,堪称绝壮。

"此日漫挥天下泪,有公足壮海军威。"这是光绪帝亲笔为邓世昌写下的挽联,等于是皇上钦点的MVP(全场最佳)选手了。

然后,除邓世昌之外,表现第二的该是谁?

其实是方伯谦。

北洋水师众舰长里头，大家基本都是面和心不和，这个你是知道的。比如刘步蟾看不上丁汝昌，福建人看不起广东人，等等。而唯独方伯谦，跟每个人的关系都意外地好——包括他自己手下的士兵。

黄海海战中，济远号虽然是中途逃跑的，但是你要注意两点：

第一，定远、镇远、来远、靖远，中弹都在100发甚至200发之多，而济远号，仅中弹15发。

第二，济远在跑路前，消耗炮弹超过160发，差不多是全队之冠。你不要觉得是平地放大招，毕竟北洋的命中率在日本之上的。也就是说济远号是在有正经输出的情况下，打得非常苟且偷生。方伯谦这个人吧，怕死是真的，不配做军人也是真的，但论操作，不输给旁人还是真的。

再说海战之后，消息很快就传到了设置在广岛的战时大本营。大本营在第一时间就制定出了下一步计划，并将其命名为冬季作战大方针，方针的大致内容是再挑几个师团，编成第二军，走海路自辽东登岸，配合联合舰队以及第一军，共同入侵大清本土。

9月下旬，第二军编制完成，总司令叫大山岩。大山岩，萨摩人，堪称当时日本陆军中数一数二的人物。

我们之前曾提起过，日本海有东乡平八郎，陆有乃木希典，系两大战神，其实这是当时老百姓的讲法，纯属外行见地，只图个热闹。在军界那批真正的内行眼里，门道说法应该是：陆有大山岩，海有平八郎。

10月，在朝鲜的第一军开始北上，逼近中朝边界线鸭绿江，意图很明显，是要跨江入境。

当时的大清从黄海海战之后就开始不断回撤在朝鲜的部队，收缩防线屯集于鸭绿江口岸，同时又将国内士兵派去布防。截止到第一军北上那会儿，鸭绿江上已有清军三万余人，大炮一百来门。

依天险而守，兵力上又占了很大的优势，看起来貌似胜券在握，可实际上完全不是那么一回事。

这三万人里头，有一万多是从朝鲜退下来的败兵，士气相当低落，剩下的两万人，有一万多是刚拉来不久的壮丁，几乎谈不上什么战斗力；而且将领之间也普遍不和，各种工作开展起来相当有难度。

反观对岸山县有朋的第一军，其实也好不到哪儿去。他们最大的问题首先是粮食短缺，其次是没有冬衣，七八月那会儿一身短打入了朝，现在眼瞅着都要十一二月了还是那副打扮，当然吃不消。所以必须要速战速决。

10月24日晚上，第一军舟桥部队开始在鸭绿江上架设浮桥，次日凌晨，随着山县有朋的一声令下，大部队开始抢渡过江。对岸的清军在抵抗了数小时后便如数撤走，26日，日军占领了中朝边境第一城——九连城（丹东境内）。

仅仅两天，日本人便攻入了大清境内，而且几乎称得上是兵不血刃。虽然大清的三万大军里战死了将近两千，可日军仅仅是负伤一百四十人，阵亡四人而已。

就在第一军过鸭绿江的同时，第二军先头部队也在10月末登上了清国的领土，11月6日，大山岩攻下金州城（大连境内），14日，大军目标直指位于金州西南不到百余里的要塞旅顺。

此时的旅顺要塞里头有清军一万三千人，其中九千人为新拉来的壮丁。

21日，大山岩发起总攻。

战斗的详细经过没必要多写，因为24小时不到，旅顺就被拿了下来。日军一万五千人，战死四十人，失踪七人；而一万三千清军则战死了四千五，被俘六百余。

攻入旅顺后，日军展开了为期数日的大屠杀，成千上万的无辜平民死于日军刀枪之下。这事儿一开始还是先经西方媒体揭露才得以被世界所知晓，而日本的新闻报纸自始至终在国内的报道一直都是伟光正，只说大山岩一日之内攻下旅顺，只字不提对平民的屠杀。

12月4日，广岛大本营再次制定了新作战计划，并将其命名为冬季大攻略，内容是命令攻克了旅顺的第二军一路南下，和在海上的联合舰队配合，从海陆两边同时攻打北洋水师的大本营威海卫。

明治二十八年（1895年），经过一个半月的准备，日军发动了对北洋的最后一战。

1月20日，在以八重山号为首的四艘炮舰掩护下，第一野战电信队和海军陆战队率先占领了位于山东半岛最前端的成山角灯塔，随后毫不犹豫地切断了一切手能伸得到的地方电报线，接着，又以最快的速度攻下了灯塔所在的荣成湾。

当时守荣成县的是地方团勇，连洋枪都没有，靠的全是大刀长矛，而且人数也少，就那么一两千，所以被拿下也实属正常。

26日，日本第二军兵分两路向威海进犯：第六师团为北路，由陆军中将黑木为桢指挥，辖步兵第十一旅团（旅团长陆军少将大寺安纯），称右路纵队，其任务是沿荣威大道前进，经屯侯家、九家疃、崮山后等地，由东路进逼威海南帮炮台，担任主攻；第二师团为南路，由陆军中将佐久间左马太指挥，辖步兵第三旅团（旅团长陆军少将山口素臣）和第四旅团（旅团长陆军少将伏见贞爱亲王），称左路纵队，其任务是沿荣烟大道前进，经桥头、温泉汤、虎山等地，绕至威海南帮炮台西侧，切断清军退路，并与右路纵队形成夹击之势。

30日，两路日军对威海港南岸炮台形成包围，并发起总攻。清军依地势展开殊死反抗，打倒是打得相当漂亮，还把十一旅团团长大寺安纯给顺手做了，但毕竟寡不敌众，当天南岸的炮台就被日军全部占领。次日，日军开始攻打威海卫本城和北岸炮台，前者兵力稀少，后者更是早在南岸开打那会儿士兵就一哄而散，压根儿无人把守，所以仍是一天不到，两处皆被占领。

至此，环绕威海卫军港陆地三面的南炮台、威海卫城、北炮台尽数落入日军之手；军港东面的海上，联合舰队也已经严阵以待，北洋舰队的立锥之地仅限于威海外的刘公岛，且与外界的一切联系全部中断，成了日军陆地炮台的海上浮动目标，从此陷入四面临敌的绝境。

当然，虽说日方占优，但优势并不特别明显，毕竟刘公岛上还有北洋的巨舰定远号呢。

是不是很奇怪为什么没把镇远算在里面？那是因为镇远残了。

话说在旅顺被拿下的时候，镇远因为正停靠在旅顺港，故而南下欲撤回威海卫，不想途中触礁受伤，虽经抢修勉强没沉下去，但却伤了元气，无法高速航行也无法做剧烈的运动。为此管带林泰曾还特地引咎跳海自尽，终年43岁。

不过即便是只剩定远一艘，那也够日本人喝一壶的了。

所以联合舰队司令长官伊东佑亨一开始想的是一招不战而屈人之兵。话说哥们儿在1月末的时候就以自己和大山岩两人的名义写了一封劝降信，派人送给丁汝昌，里面引经据典、东拉西扯了一大堆，总结起来也就一句话：丁大人你别再扛下去了，识时务者为俊杰，降了我们吧。只要你愿意，还可以来日本做官，做大官。

丁汝昌看完之后的反应是把信折好，撸平，然后垫了桌角，撕倒是没撕。

如此一来,只能动粗了。

考虑到单凭联合舰队的那几门小钢炮不但打不赢定远反而还很有可能被对方逆袭,故而伊东佑亨决定采用鱼雷战术——水上干不掉你那就在水下做文章吧。

2月5日凌晨1点,联合舰队鱼雷小分队正式发起进攻。因为半夜来得突然,所以北洋完全没个防备,一上来定远号就被鱼雷击中。管带刘步蟾当机立断下令起锚逃跑,将船开到了刘公岛岸边搁浅了事,这样一来虽然行动起来会很困难,但至少鱼雷是打不到了,权当炮台用。

次日,鱼雷小分队再度袭来,击沉了以来远为首的若干舰船,然后伊东佑亨就觉得差不多可以不用再每天这么偷偷摸摸地放鱼雷了,于是在当天下午,联合舰队全体出动,第一次光明正大地向刘公岛发起了进攻。

显然,他太小看北洋水师了。

虽然这一天大山岩的第二军也非常有默契地预先在威海北岸架起了快炮,与伊东佑亨遥相配合,夹攻刘公岛及港内的大清军舰,但效果却并不怎么好。丁汝昌一面命靖远、济远、平远、广丙四舰与黄岛炮台协同作战,向北岸回击;一面又命其余各舰与刘公岛各炮台配合,严密封锁威海南北口。双方在打了数小时的炮战之后,最终是日军久攻不下而不得已退走。

所以2月7日的时候,满腹不爽的伊东佑亨不惜一切代价地倾巢出动发起了数日来程度最为猛烈的一次进攻,但猛烈归猛烈,仍然打得很不顺。战斗从早上7点开始,一个小时不到,旗舰松岛号就被击中舰桥,打穿烟囱,航海长高木英次郎少佐等数名军官受伤。10分钟后,桥立号也被炮弹打中。8点05分,严岛号上的速射炮被击碎了炮盾，碎片四溅，当时就导致2人死亡、4人受伤。

短短一个小时，日本引以为豪的三景舰无一例外全部挂彩，而刘公岛的诸炮台以及北洋诸舰却仍是岿然不动。

眼看着形势喜人，丁汝昌决定更上一层楼，他叫来鱼雷艇管带王平，命令他带着鱼雷队出击，以眼还眼，以牙还牙，给日本人几颗大清的鱼雷尝尝。

王平满口答应，意气风发地冒着炮火率队出发。然后他逃走了。结果自然是乾坤扭转，北洋上下无论是主观精神还是客观实力都受到了会心一击。

而伊东佑亨那边一看机会来了，马上先命主力战舰进攻刘公岛，接着又让辅助舰队的第二、第三、第四游击队合攻日岛，第二军也从威海南岸发炮配合。

所谓日岛，就是在刘公岛东侧海湾中的一个礁石小岛，后来经人工搬运泥石建造，成为了一个桥头堡，是丁汝昌手里的最后一道防线。如果日岛沦陷，那么北洋将再无险要可守，便将直接暴露在了日本人的炮火之下。

顺便一说，当日守日岛的总共有30个人，带队的叫萨镇冰，是后来民国的第一任海军总长。

不过因为手头人实在太少，所以这一天萨总长打得很不得力，虽然数度击退日军进攻，可自己损失也很惨重，不仅军官的住所也因炮弹的轰炸而焚毁，就连岛上的弹药库也打爆。于是丁汝昌只好决定放弃这座已经失去作用的炮台，命萨镇冰同士兵们撤回刘公岛。

2月9日，日军继续发动进攻，先是打沉了丁汝昌的临时旗舰靖远号，接着又直扑已经搁浅多日的定远号。

此时的定远逃是肯定逃不走了，而丁汝昌那边救也是救不了的，所以要么是孤身一舰战退敌军，要么就被敌军打沉或是生擒。从其本身那伤痕累累的样子来看，多半是后者。

也就是说管带刘步蟾只有两种选择，被打沉或者被生擒。

刘管带选择了前者，因为如果被生擒，那么定远很有可能被用来接着打大清，这是他无论如何都不愿意看到的。只可惜事与愿违，当他下令全军死战的时候，几乎无人肯动。催得急了，才有部下表示，事已至此，死战等于送死，不如降了吧。更有甚者，干脆坦白相逼，说刘管带你要是不肯给我们活路，那我们也不会让你日子好过。说完，还不停地晃着腰间的挂刀，其用意不言自明。

不得不说一舰管带做到被部下逼宫的份上也确实够惨的，但此时的刘步蟾显然没余暇来哀叹自己的人生。面对随时都有可能背后对着自己放一枪的那群部下，他能做的只能是偷偷地叫来几个贴身心腹："你们带着炸药，把定远炸沉了吧，免得以资敌寇。"

2月10日，定远号被北洋官兵亲手炸毁。同一天，管带刘步蟾履行了自己"舰在人在，舰沉人死"的诺言，服毒自尽。

这是相当悲壮的一幕，美中不足的是，刘管带服的那毒，是自己平日里抽的鸦片。很多年来我一直都认为，如果他不好这一口的话，未必会落到用这一口来了结自己的田地。

刘步蟾自杀的消息传到丁汝昌耳中之后，丁大人的第一个反应并非如传闻那般也决定跟着一起杀身成仁，而是把伊东佑亨那封劝降书又一次地给从桌底下拿了出来，打开，铺铺平，再细读了几遍。然后问身边懂洋务的人，说在西洋，有没有海战战败投降的将军？

身边人着实回答道有，既有孤身一人出去投降的，也有带着整个舰队出去投降的。当然后者受到的待遇更丰厚，但不管怎样，按照国际公法，降将不杀。

丁汝昌哦了一声，不再说什么了。

他不想死，这很正常，只要是个人，那就有一颗求生的心，这世界上从来都不存在真正意义上一心求死的家伙。

2月11日，白天日军再度发起强攻，一夜未眠的丁汝昌率残部又再度数次击退来犯之敌，但看着那日渐减少的粮草弹药以及不断减员的士兵，任谁都明白，威海卫被攻下不过是时间问题。

这天夜里，丁汝昌第三次打开了伊东佑亨写给他的那封劝降书：

"夫大厦之将倾，固非一木所能支，苟见势不可为，时机不利，即以全军船舰，权降于敌，而以国家兴废之大端观之，诚以微微小节，不足拘泥。仆于是乎以声震宇内日本武士的名誉，请阁下暂游日本，以待他日贵国中兴之际，切愿真正需要阁下报国时节到来，请阁下听纳友人诚实之一言。"

沉思良久，丁汝昌抬起头来，对左右道："把镇远炸沉了吧。"

没人接话。

他以为是自己声音太小，于是又大声说了一遍，但还是无人应答。

纵然是老实人此刻也有点火了："你们为何不听将令？！"

有人支支吾吾地回道："如果炸了，事后日本人责问起来，该如何是好？"

丁汝昌顿悟，于是再不作声。

过了一会儿有人来报，说刘公岛上数千居民聚集衙门口，跪求丁提督放他们一条生路。

丁提督苦笑："把刘步蟾剩下的鸦片给我拿来吧。我死后，你们都可以去投降，无碍的。"

君子有成人之美。

我不是说他们应该去投降,我也不认为丁汝昌有多么壮烈。他混到这一步多多少少有点咎由自取的味道,但我仍认为他是一条好汉。

2月12日,北洋水师提督丁汝昌服毒自尽,终年59岁。

14日,威海卫降约签署,北洋残将带着以镇远为首的北洋残舰向日军投降。三天后,伊东佑亨将丁汝昌与刘步蟾的灵柩放入康济舰,然后汽笛长鸣,联合舰队各舰鸣炮致哀。同日,日本曾经的海军头号人物胜海舟为丁汝昌赋诗一首以表哀悼:

忆昨访我屋,一剑表心里;

委命甚义烈,懦者为君起;

我将识量大,万卒皆遁死;

心血溅渤海,双美照青史。

至此,叱咤风云、天下第六的北洋水师,樯橹灰飞烟灭了。

第十一章 约和马关

话说威海卫被拿下之后,日本第二军的后续部队也陆续在辽东半岛登陆,和先头部队会合之后,一番攻城略地之后,又与第一军遥相呼应,剑指京城——北京城。

面对日本的两路大军,朝廷上下慌乱一片。虽说一样米养百样人,此时此刻仍有那横不怕死的主儿跟慈禧太后建议迁都再战,但显然这并不合包括老太太在内的广大正常人类的心意,就连伟大的翁师父,这会儿也不禁腿肚子打战,表示事到如今还是以和为贵,跟日本人谈谈吧。

其实早在2月,清廷就派出了户部侍郎张荫桓和湖南巡抚邵友濂为使节,前往日本广岛议和。结果日本人理都不理就把两人给赶了回来,因为觉得他们一来不是全权,很多事情根本做不了主,二来官职太低,一个部长一个副部长——你以为跑来开副部长级峰会吗?第三是纯粹还想再装装样子,借此告诉大清,爷还能接着打,不但能打下威海卫,还能一直打到你北京城。

但实际上这事儿比较难,因为以当时日本的后勤保障水平来看,战线一旦拉太长,战场一旦铺太开那铁定就要出问题。所以在赶走两大臣的同时,倒也不忘指一条明路,表示如果真想谈,就让李鸿章来谈吧。

于是在当年的3月，李鸿章带着儿子李经方和美国顾问科士达等随员100多人，以头等全权大臣的名义，开赴日本。虽然他根本就不想去。

从古到今，主和派往往等同于卖国，而且抛头露面去订和约的人更是罪大恶极，尽管他李鸿章是代表大清朝廷代表大清皇帝前去议和，但那顶汉奸的帽子，却只会扣在他一人身上。

"杨三已死无苏丑，李二先生是汉奸。"当时的北京城里，普遍传诵着这副对联。杨三，本名杨鸣玉，苏州人，昆曲名家，尤擅丑角，于甲午年（1894年）病逝，正值尸骨未寒的时候。故有好事者撰此挽联，上联表哀悼，下联骂李中堂，一时获得叫好声无数。

但李鸿章还是去了日本，为了大清，为了朝廷，也为了救那些此时正在京城说长道短、义愤填膺骂他是汉奸的人，这里面包括了翁同龢。

小时候看这副对联，总觉得中华语言博大精深，骂得好，骂得够痛快。长大了再看，只觉得满胸的悲怆，为李鸿章，更为古往今来的那些"汉奸"。据说老爷子在收到败报后一度打算自杀殉国，但终究还是作罢了。因为在很多时候，比起壮烈牺牲，反而是背负着重任苟活下来更为困难。

3月19日，李鸿章一行抵达下关，受到了伊藤博文的盛大欢迎。

伊藤首相见到李中堂的第一句话是："天津一别，已有十年矣。"那表情是相当的小人得志。蹲地画圈十来年，手帕咬烂几百条，今日总算是等到了报大仇的机会了。

或许是觉得这话太露骨，所以伊藤博文紧接着又跟了一句寒暄："一路舟车劳顿，中堂阁下辛苦了。"

李鸿章也很客气："所幸天气还算凑合，一路上也挺顺利。"

寒暄过后，双方来到会场，在各自交换了委任状确认了彼此都系全权代表后,便开始继续扯淡,互相问候对方的皇帝,问问两国的近况,几乎没有谈到任何实质性的东西。

正式的会谈是从21日下午2点半开始的。

由于李鸿章非常清楚眼下的局势完全是人为刀俎我为鱼肉,所以也顾不得面子不面子了,非常直接地问伊藤博文,贵国打算如何。

对方倒也爽快,早就列好了一张清单,题目叫作休战条件:

一、日军要求占领大沽、天津以及山海关等地;

二、在上述地点驻军时所需一切军需开销、军备消耗等一律由清国承担;

三、天津、山海关等地的铁道由日军支配;

四、休战期间,正在行动中日军的军费由清国负担。

老实说这已经不能用什么乘人之危、趁火打劫之类温柔甜蜜的词汇来形容了,只能说,这叫赶尽杀绝。

而最具杀机的,是"休战"二字。

所谓休战,如字面意思,就是打累了休息一下,等休息好了呢?那当然是接着打了。

也就是说,伊藤博文所提出的这个方案,是没有任何保证可言的。日本人可以在堂而皇之地收下大清提供的那些军粮军费军需品,大肆劫掠他们所占领的各处城市之后,再光明正大地宣布老子休息完了,于是转眼间就能拿着这些东西继续打大清,所以李鸿章当然不能答应。

但此时此刻这种局势下肯定不能直接断然否决,所以他很婉转地问道:"伊藤阁下,贵国所谓的休战,为时多久?"

日本人的休战其实就是想歇口气缓缓然后接着打砸抢,压根儿就没考虑过具体要休多久,但伊藤博文显然不能回答说等我们能继续打了就不歇了,于是只能很模棱两可地道:"这个不会太久的。"

"不会太久是多久?"李鸿章一丝都不放松地追问道,"贵国开出了休战条件,却连休战期都不知晓,这未免也太有失诚意了吧!"

伊藤博文无言以对,只好表示要不你说一个日期?

"清日两国自古以来就是友好之邦,即便称之为兄弟也不过分,此次刀兵相见,以老夫看来,纯属是一次不幸的误会。"李鸿章突然就很莫名其妙地说出了这么一段话。

正当包括伊藤首相在内所有人都一脸困惑的当口,李中堂不紧不慢地亮出了自己的本意:"与其休战,不如停战吧。至于停战细则,我们再议。"也就是说,李鸿章不但要把这中场休息改成比赛结束,同时还要把占大沽、天津要军费之类的过分条件一并删去。

于是这下轮到伊藤博文不肯了。

哥们儿从来都是个有话直说、不怕噎着的人,当年那股在加利福尼亚对着牛仔们说老子不要友谊只要科技的直白劲儿一直都未消去。在谈判桌上,他也非常坦率地告诉李鸿章:"中堂阁下,你知道战争最大的醍醐味是什么吗?那就是乘胜追击,获取最大的战利品。这种幸福,恐怕是你无法体会的吧?"

不得不说历史有时候真的会重演,只不过角色的扮演者经常对调而已,正如10年前在天津一样。位于劣势的李鸿章无论如何都想把休战变停战,把那些非常过分的条件换成尽可能不怎么太过分的条件,可伊藤博文却死死抓着不肯放,表示要么认可所有的条件然后休战,要么接着打。至于休战期,由我们日本方面商讨后告诉你。

双方的拉锯战一拉就是四五天,3月24日下午5点40分,在结束了一天的磨嘴皮子活动之后,李鸿章拖着疲惫的身躯离开了会场。

就连伊藤博文身边一倒茶的都能看出来,老爷子其实已经是身心俱疲了。

本来这世道就是弱肉强食,正所谓弱国无外交,你一个败军之将不躲在家里咬手帕反而还跑到战胜国的地盘上来讨价还价,真要让你得逞了那还要兵工厂干什么,以后大家直接一张桌子两杯茶打打嘴炮不就行了?

虽有传言说他李鸿章已经联系了西洋各国准备干涉日本的狮子大开口,可西洋即便真来干涉,又能干涉得了多少呢?

所以这天晚上伊藤博文对跑到自己家里来预祝胜利的陆奥宗光说我们要速战速决,逼李鸿章那只老狐狸就范。一边说着,一边晃动着手里的葡萄酒,配合灯光将红色的液体照耀得流光璀璨,一副深得西洋文明精髓的范儿。

就在这时,一个下人跑了进来,神色非常慌张,进门第一句话就是:"老爷,不好了!"

伊藤博文很不屑地看了他一眼:"出什么事了,如此有失仪态?"说的时候,依然没忘记晃他手里的那个高脚杯。

但仆人的回答却让伊藤首相的杯子险些晃到地板上去。

"李鸿章被人用枪打了!"

就连一贯冷静淡定的剃刀外相陆奥宗光在听了这话之后也惊得从座椅上蹦了起来。

"死了?!"他问道。

"不,目前正在医院抢救。"

"打了几枪?"

"被手枪打了一枪。"

"哦……那还好。"因为那个时代的手枪比不得现在，威力并不算太大，要是仅仅只打了一枪，并非是必杀，所以陆奥宗光稍稍放宽了心，又重新坐了下来。只是他没想到这话还没说完。

"那一枪……打在头上。"

于是陆奥宗光又从椅子上蹦了起来。但尚存一丝理智的他终究没有两眼一抹黑地倒下去，而是问那伊藤家的仆人，这到底是怎么一回事，为什么李鸿章就会被人用枪打了脑袋？

仆人说，开枪打人的是一名爱国青年。

至于事情的经过则是这样的：当天，李鸿章坐车从会场返回旅馆，一路上受到了日本民众的围观——不是友好也不是敌对，只不过像他那样的大人物在下关真心少见，所以老百姓们纯粹是饭后茶余出来看个热闹。李鸿章对此也表示理解，并不让人驱赶，只是缓缓地往回走。

结果就在这个时候，从人堆里走出一个二十五六岁的年轻男子，一言不发径直来到车前，然后打开了车门，见到了李鸿章。

两人四目相对不过数秒，那个男子亮出了藏在衣服里的手枪。

接着，枪响了。

要说周围人反应还算快，这人拿的是一把五弹装手枪，本来是想一口气把五发子弹都打光的，结果才打了一发，就被随行护卫给摁地上了。

而李鸿章的中弹处是靠近眼睛的脸颊。万幸的是老爷子命大外加抢救及时，所以并无生命危险。

经过简短审讯后得知，行凶男子名叫小山丰太郎，群马县人，父亲是县议员，曾在庆应大学念过几年书，后退学并加入了自由党。他刺杀李鸿章的动机是因为觉得此次日清战争日本大获全胜，本应乘胜追击以期占领全大陆的，可不承想却沽名钓誉学起了霸王，转而跟清国搞起了休战谈判，简直是置国家利益于不顾。为了能让自己的祖国多捞点好处，主要是能让大日本帝国彻底打败大清帝国以便在全世界长长脸，最好的办法就是让两国接着打；而要让两国接着打，那么只有把前来议和的李鸿章给做掉了。

听完这些，陆奥宗光不禁长叹了一口气，而屋子另一边的伊藤博文则目测已经暂时彻底丧失了语言功能，一个人戳在那里发愣。生平第一次，他以切身的体会明白了自己当年的攘夷天诛是一种多么愚蠢、多么危害国家社会的行为了。

"杀。"将近沉默了二十分钟，伊藤博文才缓缓地开了口，"杀了那个狗屁爱国青年，以示赔罪。"

陆奥宗光很忧虑地摇了摇头，说这事儿恐怕不是杀个人就能摆平的。

他说得没错。

李鸿章遭枪击一案当天就通过电报传遍了大江南北，西洋各国纷纷予以了最高级别的谴责。

德国领事表示，本来日本提出的休战方案就已经很苛刻了，现在又发生了枪击事件。这让西洋诸国对日本的感情更加恶化，希望日本能对此作出相应的行动，以消除事件的恶劣影响。

英国公使表示，欧洲列国普遍对此次事件的发生表示遗憾，大英帝国将尽快敦促日方给出妥善解决方案。

美国公使表示，这是一起严重的、野蛮的暴行。原本应该受明治政府全方位保护的全权大使李鸿章，居然在和谈期间于日本遭袭负伤，简直是耻辱。日本方面应立刻拿出姿态，马上停战并接纳清国的全部要求。

还有俄国公使，也表达了对此次事件的愤慨之情，同时也认为列强应该立刻站出来帮助大清调停，不能让日本的魔爪一步步再这么深入下去了。

以上就是欧美各国对此事的大致反应,虽说各个都是义正词严,一副正人君子的模样,但实际上大伙心里都明白,这哪是什么主持正义,无非是想利用此事给日本施压,让他们少从大清那里捞好处,不然日本人捞完了,西洋人就没得捞了。

当然,光天化日朗朗乾坤,尽管满世界走的都是装模作样的人,但还是依然存在着表里如一的正直之辈的。

比如有个国家的外交大臣就紧急约见了日本公使,表示这回暗杀事件其实对整个事态起不了多大的影响,但是,麻烦总归还是有的。为了避免这种麻烦,你们可以跟我们结为同盟,把从清国那里得到的利益分我们一点,然后我们就会帮助日本对付其余西洋列强,两国共同进退。

能如此光明正大节操掉一地地跑来敲诈勒索的国家,放眼当年的全宇宙,有且只有那么一个,那便是意大利。

对此陆奥宗光的回复是,找你的德意志去吧!

可话又得说回来,面对全地球的声讨,日本方面也着实有些遭不住了。关于此事,当时朝野大致分为两拨:一拨人觉得,为了避免那不断扑面而来的口水,干脆来个瞒天过海,死不承认,比如广岛的一份叫《备芸日日新闻》的报纸就准备头版大标题——《李鸿章自杀未遂》,想把这桩杀人案给颠倒黑白成自杀案。

我可以很负责地说一句,如果这份报纸真的给印出来了,那将成为比小山丰太郎枪击李鸿章一案更大的国耻。

好在这世道还是明白人多,《备芸日日新闻》尚在印刷厂,广岛地方政府就直接出动警察,强令其停刊发行。

所以最终是第二拨人占了上风,他们认为事情都已经发生了,与其遮遮掩掩不如坦率地赔罪认错,这样才是文明国应有的风范。

赔罪分两路方案进行,第一路是从感情方面入手。

25日即遇刺的第二天,《国民新闻》创刊人、日本近代新闻界元老级人物德富苏峰代表全日本的传媒业发表了对李鸿章的慰问状,称这是一起非常不幸的个案,自己谨代表日本国民向阁下表示歉意,同时也希望阁下能安心地留在日本并在接下来的日子好好体会一下真正的日本精神——温和与善良。

对此李鸿章表示自己理解这是个案,这当然是个案,这肯定是个案,这要不是个案那还了得?

接着,其他的报社和各县知事、各地人民代表、贵族院等各种机构各种人等或亲自前来或拍出电报,纷纷对李鸿章遇刺表示慰问,同时也希望他能留在日本养伤,慢慢养伤。

其实说一千道一万,想让李鸿章留在日本是真的,因为一旦老爷子撒手回国了,那这事儿麻烦可就大了,你是接着打呢还是接着谈?接着打那绝对是在给西洋列强直接干涉找口实;要接着谈,谁还敢来谈?前仆后继地跑到你日本来找枪子儿吗?

无论如何为了留住李鸿章,所以在继这些乱七八糟的闲杂人等之后,真正的重量级人物也出场了。

同日(25日),天皇陛下在亲切询问了李鸿章的伤势之后,下发了一道圣旨:"朕知道,清国与我日本目前正处于战争状态,然而既然对方已经派使臣前来和谈,而我国也委任了全权大臣,那我们就应该按照国际惯例,赌上国家的信誉来负责对方使臣的安危。可没想到却发生了如此不幸的事件,朕只能深表遗憾,同时也希望有关部门能尽快将犯人绳之以法,并严惩不贷,以期勿损国光。"

金口一开,那小山丰太郎当然是完蛋了——我指的是名誉方面。其实这哥们儿虽然是想杀人,可终究未遂,依当时日本律法并

175

不该死，所以即便伊藤博文满世界嚷嚷着要宰了他可后来也就被判了个无期徒刑，只不过名声算是毁了；尤其是在事发当时，全日本各界就没一个不唾弃他的，各类报纸先是争先恐后地挖他的老底，说他虽然是庆应大学的学生，但实际上压根儿没读完；接着又有好事者翻出这哥们儿曾经因毁坏公物罪被逮捕过，于是大伙又纷纷责骂说是个毫无社会公德心的伪爱国者；最后各路媒体又开始搞采访，就是在马路上挑一个人，问他你对小山丰太郎怎么看。被采访的几乎没一个不表示深恶痛绝的，以至于后来还出现了这样一个情况，就是记者在采访的时候刚做自我介绍说我是某某社的想做一个采访，话还没说完那被拦住的人就马上条件反射："小山丰太郎个畜生，他该死，该杀！我能走了吗？我女朋友还在等我呢。"

留下一个呆呆的记者站在那里喃喃自语："其实我就是想问你明治维新以来你们全家幸福不幸福……"

总之，这人真是声名狼藉。

不过，尽管日本各界都纷纷表示了最真挚的歉意和慰问，但李鸿章对此并不买账。他告诉前来探病的日本人，自己想用这次受伤来换取什么，你们的首相是知道的。

伊藤博文当然知道，其实在李鸿章遇刺之后没几天，日本方面就立即宣布无条件休战，同时开始主动和清方洽谈，商量议和事宜。也就是第二路方案了。

28日，外相陆奥宗光拜访了尚且还在病榻上绑着一脸绷带的李鸿章，打过招呼看看没啥大事后便开门见山，表示自己是奉了天皇的旨意前来探病的，同时天皇也说了，鉴于此前发生了这样那样的不幸，为了表示我们大日本帝国赔罪的诚意，所以准备跟阁下重新讨论一下停战事宜，您看您什么时候方便？

李鸿章指了指自己的脸，说你觉得老夫能方便得了吗？

陆奥宗光有点尴尬,但还是硬着头皮称自己这次是真心诚意想来谈和平的,还请中堂阁下不要太计较之前的一些误会。

李鸿章点了点头:"只是老夫目前确实有伤在身,不便于参加谈判。"

陆奥宗光连忙表示我们已经考虑到这点了,所以这次来不是请您去正式谈判,而是罗列了一些过渡期的休战条款,让您过目一下。如果可行,那就在您养伤期间先按条款上的办,等正式开始谈了,再换成新的说法。

"那就让李经方去吧。"李鸿章说道,"让他把条款拿到这里来给老夫过目吧。"

陆奥宗光没有反对。

其实那所谓的过渡条款,早在 27 号半夜里就拟完了,所以李经方当天就带给了李鸿章,总共有六条:

一、日本政府承诺,日清两国之间除正在交战的澎湖海域外,其余一律停止作战;

二、同时,在休战期间,两国政府各自停止一切增兵增援的事宜,但允许并非作战目的的撤军行为;

三、日清两国军队各自划出边界线和缓冲地带,既定后,不得踏入进出;

四、海面上则仍属交战状态,日清任何一方若是发现对方有运输兵员或是战需品的情况,则予以捕获;

五、本条约一经双方签字调印,则立即生效,即可停战;

六、本条约有效期至明治二十八年(1895 年)四月十六日,在此期间若双方没有谈出新结果,则从条约到期日开始继续进入交战状态。

虽说明面上说的仍是休战,但条件比起之前的要宽容了许多,几乎称得上是无条件休战了；而且谁都明白，这仗其实是不可能再打起来了，大清打不过，日本则是没脸继续打下去，他要真敢不要脸，那西洋列强也不会答应。

插一句话，条约里所谓正在交战的澎湖海域指的是当年3月下旬，日本组建了南方舰队入侵台湾以及澎湖列岛一事。虽说当地清军的战斗力很弱，但日方的进展却并不顺利，主要是日军水土不服，一登陆就暴发了霍乱，总计6000人的部队里将近三分之一被感染，死亡者上千，所以一时间进退不能，一直处于"作战"状态。

对于上述六条，李鸿章除了稍微修改了几个通假字、错别字外，没有表示其他任何异议。

双方再度回到谈判桌前是当年的4月。和之前一样，日本同样早早准备好了条约细则，直接递给了李鸿章。

这次是和平条约，大致内容如下：

总则：大日本帝国皇帝陛下和大清帝国皇帝陛下为了两国能够重新恢复和平幸福，故特此委派全权大臣，签订和平条约。

这是官话，俗称废话。

接下来就是正文了。

第一条　清国承认朝鲜为完全与自己对等的独立国，废除朝鲜对自己的一切朝贡、进献等行为；

第二条　清国割让辽东半岛、台湾以及澎湖列岛给日本；

第三条　割让包括上述地点及其附属岛屿的主权、城池、兵工制造所等一切所有物，一年内交割完毕；

第四条　清国赔偿日本军费库平银三亿两，分五次支付，第一次为一亿两，其余四次每次五千万两。此外，第一次的支付时间为本条约签订后的六个月内，下一次和上一次之间的支付间隔不得超过半年；

第五条　被割让地的在住居民如果不愿意加入日本籍，可以在两年内携身家财产迁徙至清国地内；

第六条　清国给予日本最惠国待遇，并向其开放以下七个城市为通商口岸：北京、湖北省荆州府沙市、湖南省长沙府湘潭县、四川省重庆府、广西省梧州府、江苏省苏州府以及浙江省杭州府；

第七条　日本军队在三个月内全部撤出清国境内；

第八条　为了保证清国确实能按时支付赔偿金，日军将暂时占领威海卫，直至赔偿金全部到手；

第九条　清国须归还所俘的日本军人，不得虐待杀害，同时要对日本政府做出承诺，不得对在战争时期给日军带路或是予以其他帮助的清国国民加以迫害和惩罚；

第十条　条约签订之日即为停战之日；

第十一条　条约在大日本帝国皇帝以及大清帝国皇帝批准之后，在清国山东省芝罘（今烟台市）交换，交换日期为明治二十八年（1895年）五月八日。

不得不说这些条款其实很过分，李鸿章也明白，但他更明白的是自己没有翻盘的能力，北洋水师沉了，陆军垮了，单凭一个年迈的老头在谈判桌上往死了争，也争不回多少来。不过，讨价还价这一中华民族的优秀美德还是不能丢的。

李鸿章主要还价的地方在割地赔款两个方面。

首先，他表示通商口岸不能开那么多，尤其是北京，当年英法联军攻都攻下来了我们也没开放，这次更是不可能开给你日本。因为老爷子态度坚决外加少开几个通商口岸也没什么特别大不了，所以在经过一番计较之后，日本删掉了其中的三个：北京、湘潭和梧州。

其次，赔款三亿，李中堂明确表示付不起，干脆打个折，一亿吧。

伊藤博文说一亿太少了，两亿吧。

接下来双方就自动进入了小菜场模式，李鸿章说一亿三吧，伊藤博文说两亿；李鸿章说：一亿五，伊藤博文说两亿；李鸿章一咬牙一狠心说一亿八，不能再多了！伊藤博文面无表情地说两亿。

最后李鸿章不得不心痛地闭上了眼睛："那就两亿吧。"

为什么伊藤博文那么执着于两亿？

因为光绪帝下给李鸿章的密旨里说大清的底线是两亿两白银，而这个情报早就被日本人给截获了。

至于割地，实际上李鸿章本身的底线是寸土不让的，但无奈这种局势下也实在不是你说不让就能不让的，所以没办法，只好维持日方的要求，把辽东和台湾给日本。

只不过辽东地区太过险要，一旦真要给日本，那北京城就会随时暴露在日本人的枪炮口之下，故而李鸿章表面上同意，背地里却频繁联络西洋各国，力陈种种利害，希望能借他们的手来改变这一要命的既定事实，唱一出以夷制夷。

而关于台湾，曾一度有过一个著名的谣言，说李鸿章上奏光绪帝，称那地方鸟不语花不香男无义女无情，割就割了。

我不知道这是一种出于怎样心态的造谣，反正是够恶心的。

事实的情况是当李鸿章知道日本想要台湾后，先是断然拒绝，表示大清已经在台湾行政立省了，不可能割让给你，但后来伊藤博文逼得紧，你不想割也没办法，所以只能就范。

只是在就范前的那一刻，李鸿章顿了顿："伊藤大人，您当真想要台湾？"

伊藤博文笑了："这还能当儿戏？"

李鸿章也笑了："人为刀俎，我为鱼肉。老夫即便不想给你却也没法子，可你得记住，你割了台湾，非但不能得到你想要的，反而会造成两国子子孙孙永成仇敌，传至无穷矣。"

我不知道这是否算一语成谶，虽然我真心不希望出现这样的情况。

清光绪二十一年三月二十三日，日本明治二十八年（1895）四月十七日，大清帝国钦差头等全权大臣、文华殿大学士、北洋大臣、直隶总督、一等肃毅伯李鸿章，在与日本的谈和条约上签下了自己的名字。

这就是闻名于世界以及你我历史教科书上记载的《马关条约》，日本人称之为《下关条约》。

需要多一下嘴的是辽东半岛，本来都已经是板上钉钉要割给日本了，可在李鸿章的不断斡旋下，外加分外眼红以及实在不愿意看到这世界上多出一个强有力的日本，故而西洋列强们本着我分不到一杯羹你也别想拿心态，展开了各种捣乱。最终在法国、俄国以及德国以"威胁北京和影响朝鲜独立并且不利于远东和平"为名的出面干涉下，日本不得不放弃了辽东半岛，转而问清国多要了三千万两白银作为"补偿"，史称三国干涉还辽。

还有必要多说一句的是那两亿多两白银赔款的用途，仍是辟谣。

很多人都认为日本人拿了这么一堆钱后都用于了教育事业，这是赤裸裸的谣言，明治天皇真要那么良善那他就不是明治天皇了。事实上甲午战争的赔款，大多数都用在了军备扩张方面，尤其是海军，剩下的大部分用在了国家金融建设。至于教育，确实也有投入，这个不假，只是数字不大，日元一千万，仅占总额的三十五分之一。

而此次赔款最大的获益个体，则是天皇。

你会说这是废话，普天下之下莫非王土，日本拿了钱就等于天皇拿了钱，不过我说的获益并非是这种广义上的获益，而是指真正掉到他钱包里的真金白银。

甲午赔款中，有两千万日元是直接给天皇本人的，被归入皇家私有财产。

两千万日元是什么概念？当年日本一年的国家财政收入在一亿左右，也就是说，天皇一下子就拿走了国家年收入的二成。

那么他拿了这些钱都用来干什么了呢？答案是做生意。

甲午战争之后，日本占了台湾岛。当时台湾相当原始，最大的产业是制糖。在最开始的时候，台湾最具规模的制糖企业有两家，排第一的是三井物产，排第二的是台湾制糖，明治天皇就是后者的股东。所以你以后最好不要再津津乐道什么天皇为买军舰捐款三十万日元之类的鬼话了，人那叫投资，等着高利润回报的。

第十二章 胜与败

不管怎么说，日清战争，或者说甲午战争，就这么终于尘埃落定了。

日本胜，大清败。

日本自有历史以来，在被中华文明润泽了上千年之后，第一次完全打败了自己的师父兼兄长。

为什么？

为什么一个蕞尔小国能打赢雄霸世界数千年的老大帝国？老大帝国即便是老了老了，可瘦死的骆驼终究也该比马大，为什么就会被这匹新兴的黑马给踩在了地上？

为什么？

这个问题从甲午战败之后就一直在被人研究着，得出的结论也是多种多样，比较主流的，是认为日本通过实行了明治维新，走上了富国强兵的道路，所以战胜了腐朽的清政府。

关于明治维新的本质和其他，我们之前该说的都已经说了，该吐槽的也一个都没落下，战场上军备的优劣对比，该比的一个也没少比，这里就不再多扯淡了。我直接说我的观点，我认为，甲午战争日本之所以胜的最大的原因，有两样：一曰情报；二曰国民。

先说第一样。

我想如果今天我站在中国的街头，随便拦住一个人，问他对日本的印象是什么。我敢说，十有八九这人除了能很模糊地概括出一些诸如日本地方比较小、人口比较少之类近乎小国寡民的概念外，再也说不出其他了，最多再扯扯十四年抗战或是动画片或是各种漫画。

很不客气地说，相当大的一部分中国人根本就不懂日本，甚至可以说是不知道日本，以前是这样，现在也是这样。

无论哪个时代的中国人，他对于日本的了解，多半仅限于数千年前就已经产生的印象：一个孤岛上面住着一群平均身高不足一米六的矮人，他们靠打鱼为生。

实际上拥有37万平方千米国土的日本就面积而言，尽管比不上中国，但在世界上也绝非靠后，而且日本现在年轻人的平均身高，也已经超过了中国。

数千年来，中国人从来都没想到过要去正视自己的那位东邻小弟，更别说深入了解，直到被已经强大无比的对方直接一把撂倒在地的时候，猛然回过神来，然后说出一句我们经常能在动画片里看到的，被自己的儿子、弟弟、徒弟所打败的父亲、哥哥、师父所经常说的那句台词："原来……你已经成长得那么厉害了……"

可现实不是动画片，我们的不在乎不关注不了解不知道，往往会给我们自己带来血的代价。

就如同这场甲午战争，清廷的众大员直至战败，都以为日本不过是蕞尔小国、边邻小邦，而战争之后，一些所谓的"有识之士"终于开始了所谓的"觉醒"，将对日本的定位从原先的后辈徒儿变成了前辈师父，发愤图强要以日本为师，要将日本的那一套成功复制到大清身上，但却也学得相当不得法。比如后来的戊戌六君子，直接把慈禧当成了幕府，把光绪当成了明治天皇，要光绪以明治驱逐幕府那般来将老太后人道毁灭，这不得不说是要么没看清日本，要么没看懂大清。

反观日本，从这个国家有历史的那一年开始，就在无时无刻不关注着西面的那庞大帝国，当然我们不能断言这时时刻刻里是善意的还是恶意的，但至少，日本对于来自中华的情报，是从来都不曾有过一丝忽视的。

像这次的甲午战争，日本早在开战之前好几年就把大清的底给摸了个透，同时又派了无数间谍潜伏在清国各个地方源源不断地获取着各种情报，就连清廷赔款底线是多少这种超高层国家机密都探听得一清二楚，正所谓知己知彼，百战不殆，能如此知晓一切，又岂有不胜的道理。

"当我们对日本还一无所知的时候，日本却已经把我们摸了个门清。"我不知道这句话我在这套书里重复了多少遍，但无论多少遍，我认为都有重复的必要和意义。

说完了一，我们再来说二。

国民，也就是老百姓。虽然古代圣贤一直都很看重这个，比如孟子就曾经曰过：君为轻，社稷次之，民为重。但到了实际操作的时候，亚圣的话往往就被丢脑后了。

在中国历史上，小民永远是一个被遗忘的群体，不仅自称草民，事实上也确实宛若草芥，不值一提。比如在章回小说里头，肯花笔墨上心的，永远是将和相，无论是否名将抑或是名相；至于小民，一般的下场要么是默默无名地活着，要么是默默无名地死去——只留下一个数字，就比如你自幼耳熟能详关云长杀颜良诛文丑过五关斩六将，可你又能否记起他杀过那个小兵的名字么？

你当然记不起，因为关二爷尽管杀小兵无数，但留下名字的，无论在小说还是在历史上，一个也没有。

射人先射马，擒贼先擒王，老祖宗的话是没错，可如果真的过分执着于王而无视小贼的话，那匪乱将永世不平。

小兵来自于小民，小民就是国民，是决定一切国与国之间对决的最关键要素，这里面自然也包括了那场甲午战争。

你不要觉得这话听起来不靠谱，其实稍微想想就明白了。李鸿章再能耐，他上不了定远号铲煤，去不了致远号开炮，也到不了平壤守城。将帅虽然只需运筹于帷幄之中，但真正去决胜于千里之外的，实际上还是小兵。

开战前，当日本的国民在给吉野号捐款时，甚至连烟柳巷里的姑娘都知道军舰、海防等词儿的时候，大清的国民仍不知日本为何物，海军为何物。开战时，平壤城内的一万三四千、手里拿着19世纪最先进武器的大清国民们，因吸食鸦片坏了身体，而惨败于数量完全不如自己的日本国民。同样还是开战时，坐镇在亚洲第一的舰队上的大清国民们，愣是被日本国民给夺去了制海权。当日本国民组成的军队登上大清国土之后，仍是大清的国民，给他们当向导，做起了带路党。

这以上的种种，其实也就是我们今天常常讲的国民素质整体体现，故而也可以说，甲午一战，并非日本国战胜大清国，而是日本人在国民素质方面，更胜我大清一筹。

那么，这更胜一筹的原因又何在？

我觉得，要说明白此事，首先得从东京开始说起。

东京是日本的首都，这众所周知，此地原名江户，是德川幕府中枢核心所在，也因此，德川时代亦被称之为江户时代，这个我们前面也说过了。

不过，江户毕竟只是江户，即便是德川时代，日本的国家首都，却还是依然在京都，因为那里有天皇，而且风水好，这个我们前面就说了。

江户改名东京并称为国家首都，也不过是最近百来年的事儿。

话说在庆应四年（1868年）闰四月的中旬，一个叫前岛密的人给当时新政府掌权者之一的大久保利通上了一封信，说是让天皇搬到江户去如何？当然，他充分考虑到了京都人民热爱天皇的心情，所以还提议说，可以效仿中国大明朝的南京和北京，在日本也搞两个首都，分别是西边的京都和东边的江户。

前岛密，简单说来就是日本邮政之父。现在日本的邮政制度，包括邮政的专用词汇，比如把邮票叫切手，邮政局叫邮便局，都是他发明创造的。再在后来，他为了普及教育，曾经提出把汉字给废除让大家只学容易记住的平假名和片假名，当然，这个无比祸国殃民且祸害千年的馊主意很快就被人给集体否决了，不然的话今天日本就跟韩国一样，到处都是从汉语中演变过来可中国人就是怎么也看不明白的文字。

不过这哥们儿显然是明朝历史没学好，要是他再深入研究的话，就该知道，明朝其实有三个首都：北京、南京和中都凤阳。但不管怎么说，这个建议还是让大久保利通眼睛一亮，觉得是个不错的办法。

要知道，当年不管是京都还是大阪，常住的总人口撑死了也就八十万不到，而江户的人口却已经达到了一百五十万，是当之无愧的日本第一大都会。

此外，人多还只是一个原因，关键是人口的素质。

在那会儿，江户的男性识字率高达百分之七十，其中，武士阶层的识字率是百分之百，而同时代的伦敦，不过百分之二十，巴黎则连百分之十都不到。在江户，就连农民都能作上一首和歌，也就是中国人所说的填词作诗，江户之外的地方虽说没那么高，可也差不到哪儿去，总之一句话，就算说当时的日本是全世界识字率最高的国家，那也是基本没错的。

之所以能有这样的成就，都要归功于一样东西——国民教育。

说到江户时代的国民教育，那就必须要提到寺子屋。所谓寺子屋其实就是私塾，当然，不是吉田松阴开的那种，而是专门为小孩子准备的私人开设的学前教育班。江户时代，一般的孩子到了6岁左右，就会被父母带着去家里附近的寺子屋拜师入学，当时整个日本有寺子屋15000多家，光江户一地，就有大小1000多家，规模小一点的有十几二十个学生，规模大一点的能上百人，而那会儿跟现在不一样，没有什么市重点区重点，也不存在什么名门小学，所以择校的标准，全凭家长在街头巷尾打听得来的所谓口碑，要么就是自己拿了几份教材回到家里研究一番，看看哪个学校的教材最好，就选哪个。

那年头日本的教材很多，很杂，真要分的话可以分五大类，第一类是日本自古以来的教科书，主要有《庭训往来》和《商卖往来》，"往来"就是教科书的意思，《商卖往来》我们看题目就知道，是教你怎么知钱花钱怎么算钱的商业ABC和数学基础，而《庭训往来》中的"庭训"，则取自《论语》里的季子篇，说孔老夫子有一天在自家院里看到儿子在很放浪地撒野狂跑，然后将其叫住进行训话，所以叫庭训，也就是老子在庭院里对儿子进行的谆谆教诲，内容包括了做人的道理和地球上的常识，可以说是一本少儿百科全书；第二类是识字书，教材主要是两种，一种就是从中国进口过来的《千文字》，因为除了日本人本身根据中国的草书和偏旁发明的平假名和片假名之外，汉字也是日语的一个重要组成部分，还有一种叫《苗字尽》，苗字就是姓的意思，换句话讲，就是日本的百家姓；第三类是地理类，主要教材是《国尽》和《村头尽》，教的是让你学会辨别东西南北，知道日本各处的地名和简单的风土人情；第四类是典论，就是儒学，常用教材是中国的四书五经；最后一类是历史，历史分为日本历史和中国历史，日本历史用的教材一般是《国史略》，中国历史的教材则多用《十八史略》，十八史就是从司马迁的《史记》开始一直挨个数到欧阳修写的《新五代史》这17个朝代的17本史书，外加一本司马光的《资政通鉴》。而在这五大类里，真的要细算起来的话，教材的总量其实已经超过了7000种，事实上日本现在的教科书依然很多，家长在选择学校的时候依然会去看一下这个学校教科书的内容是啥，这跟几百年前的寺子屋择校几乎没有区别，而教科书太多自然观点也就非常繁杂，这就是为什么日本会经常因教科书问题而跟周边国家闹出矛盾来。

说完了教材，我们说说老师。

现在的话，不管是中国还是日本，老师的待遇都是相当好的，至少在当地可以算是中上左右的收入水平了，而在一些大城市里，教师的待遇甚至超过了公务员，而且工作负荷也算是比较轻松，相比之下，寺子屋的老师们可就没那么好的命了，虽说日本的教材有好几千，但教学方法却意外统一地只有一种：一对一教学法，就是挨个教下来。这是一种相当了不起的教学方法，因为在教学过程中，老师能够充分地了解每一个学生的优点缺点，然后对于其整个生涯作出指导乃至规划，不过了不起归了不起，但工作量很大，大致算下来，平均一个老师一天要给10个孩子分别授课，这属于不折不扣的脑力劳动和体力劳动，放在今天那是基本工资除外，各种补贴也绝对少不了的，然而，作为寺子屋老师唯一收入的学费，却意外地便宜，便宜到你想不到——随便给。

随便给的意思是说你看着给。家里有钱的，一年给个上万，老师双手收下，说个谢谢；家里穷的，一年到头来攒不下几个钱，只能让妈妈做几个点心来慰问一下，老师倒也不嫌弃，恭恭敬敬地双手接过，说一声非常感谢，这点心看起来真好吃；家里是农民的话，每到收获季节拿一些青菜萝卜茄子土豆之类的送到老师家，老师一样脸带微笑地放进了自家的厨房，说一声谢谢，劳您费心了。之后该怎么教还是怎么教，不会因为你给了一万两我就单独辅导，你给了我俩萝卜我就把你的孩子跟家长给我月饼的孩子放在一块儿集中批发授课。

寺子屋的老师，百分之四十以上都是庶民出身，其他的还有武士、僧侣、神官或者医生，这些人基本上一辈子都干这个职业，很少听说有跳槽什么的，虽说收入很少，但他们却赢得了另一样尤为宝贵的东西——尊敬，学生的尊敬，家长的尊敬，以至于全社会的尊敬。其中，那些德高望重，从业多年的老教师，还能在每年受到幕府将军的亲自接见。而对于学生来说，老师就如同再生父母一般，即便是寺子屋毕业，即便是踏入了社会，可一旦碰到什么无法决定的事儿还是会去找自己的启蒙老师商量，听听他的建议，临走前还不忘毕恭毕敬地说上一句谢谢先生。

寺子屋的出现，归根结底源于日本人的一种认知，那就是"小孩子是大家的共有财产"，也就是说，不管大人的贫富好恶，小孩子都是无辜的，不能因大人的种种而影响到孩子的成长，全社会都有责任如同帮助自家孩子一般来帮助任何一个小孩子的教育或者发展。这话其实中国人在好几千年前就有说过，那就是孟子的"老吾老以及人之老，幼吾幼以及人之幼"。

在明治五年（1872年）的时候，日本政府进行了一场统一学制的改革，所有的寺子屋都被废除了，但是，寺子屋为日本奠定下的结实的国民素质基础，成为了日本迅速发展为近代化国家的重要原因之一。

话说，晚清的时候很多中国学生跑日本去留学，想学一下日本的维新以便让中国用了也好富强一把，可这批人越留学越郁闷，他们惊讶地发现，日本明治维新所干的那些事儿，大清基本上都干了——买洋枪洋炮，大清没少买；学着造各种西洋玩意儿，大清的江南制造局和安庆军械所那要比日本的强得多；他日本炼钢，我大清制铁；他日本请洋专家，我大清找洋教练。总而言之一句话，两国的变革几乎是完全相同，不分早晚就以相似度来论的话，完全可以说清朝的洋务运动是抄袭日本的明治维新，同时也能说日本的明治维新是洋务运动的山寨版，那为何日本却能在短短的时间里发展成世界强国，并且在海上将大清打败，而且还随着八国联军一起攻入北京城呢？

这群留学生里，有相当一部分的人总结出了一个原因：民智未开。

当然不是说中国人笨，而是说中国人的聪明才智没有被开发出来，用现在流行的话来讲，就是中国人的隐藏属性没有被激活。我们都知道，开发智力除了吃补品之外，更重要的是教育。

而中国人，尤其是近代的中国人，似乎并不怎么重视这个。

应该讲中华民族其实是一个深知教育重要性的民族，自古就有"十年树木百年树人"这样的名言，但关键的关键，就出在"百年树人"上面。

百年。

中国人不是不肯搞教育，只是觉得教育花费时间太长见效太慢，权衡利弊后，还不如买几艘船搞几门炮。

在洋务时代，曾经有一个英国传教士叫李提摩太，这人我们后面会提到。他向李鸿章建议说每年投入一百万两白银进行教育改革，对此李鸿章认为开销太大，但李提摩太说这会带来百倍的收益。李鸿章问什么时候能见成效，得到的答复是 20 年，于是李鸿章说："我们等不了那么长的时间。"

几乎是在同一时期，曾建议光绪帝去日本考察的王照，也对康有为说过："我看只有尽力多立学堂，渐渐扩充，风气一天天改变，才能实行一切新政。"但康有为却说："列强瓜分就在眼前，你这条道如何来得及？"

公元 1905 年，严复与孙中山在伦敦会面，严复认为中国的根本问题在于教育，他对孙中山说："以中国民品之劣，民智之卑，即有改革，害之除于甲者将见于乙，泯于丙者将发于丁。为今之计，唯急从教育上着手，庶几逐渐更新乎！"而孙中山只是告诉他："俟河之清，人寿几何？君为思想家，鄙人乃实行家也。"

一个洋务派领袖的北洋大臣，一个维新派领袖，一个传说中革命的先行者，三人都堪称是数百年来人中之杰，却都如此性急。

而造成的后果你也看到了，买了再多的船，装了再多的炮，没人会玩，仍是一沉到了底。

国民教育决定国民素质，国民素质决定国民行为和国民心态，国民行为和国民心态，则决定了国运。我想，大致就是如此吧。

第十三章 学医也救不了日本人

我们前面已经说过好几次了,日本是个重教育的国度。

教育,可以说是近代日本的立国之本,早在明治维新的时候,明治天皇就提出过"求知识于世界,以大振皇基"的口号。

而在这大振皇基的立国之本背后默默支撑着的,当然就是将教育具体化的教师们了。

如果要把日本史上所有的老师都归拢起来做个伟大指数排行榜的话,那我想排在第一的,多半应该是一个叫作福泽谕吉的人。

此人的名气在日本很高,一度逼近坂本龙马和德川家康,并且他的头像还连续两度上了一万日元的纸钞(1984版和2004版)。总体来讲,是一个无论从教育家方面还是历史名人方面来看都值得说道说道的人物。

他出生在中津藩位于大阪的藏屋敷,所谓藏屋敷就是各藩在大阪存放大米的仓库,仓库边上一般会盖几栋房子给管仓库的人住。说白了,他爹福泽百助其实就是个仓管兼会计,地位比较低下。

虽说没啥地位,但百助的学问很好,是著名的儒学家。要是按照常规来看的话,福泽谕吉虽然也是个下级武士,但长大了会在他爹的教导下学很多知识,然后成为一个天天向上的普通好孩子。

但意外发生了。在福泽谕吉1岁半的时候,他爹死了。不得已,全家只能离开大阪回到了中津藩。在家乡,他开始了自己的童年生活,和笨小孩坂本龙马所不同的是,福泽谕吉从小便是个叛逆的坏孩子。

在大概12岁的时候,有一天小谕吉正坐在屋子里,突然就听到他哥哥叫他去院子里,说是有事情商量。小谕吉也没多想,站起身子啪嗒啪嗒地就往门外跑,结果刚刚一脚踏出门外,便听到哥哥的一声怒吼:"你眼睛看不到么?看看你踩在哪儿了!"

小谕吉低头一看,发现自己的脚踩在了一张纸上,于是很疑惑地看着哥哥:"我踩你尾巴了你那么愤怒?"

"看你脚下!"

挪开脚丫子之后,小谕吉才发现原来这纸上还写了六个字:奥平大膳大夫。大膳大夫是官名,其实也就是当时中津藩藩主奥平昌服的名儿。

"哦,这样啊,原来是你练字用的纸啊,对不起哥我没看到。"

"说一句没看到就完事儿了?你拿脚踩了大人的名讳,这是为臣之道吗?!"接下来他哥哥对他劈头盖脸进行了一顿猛训。因为时间太长,以至于小谕吉觉得很烦,他想继续回屋躺着去了,于是,便装出了一副悲痛欲绝的表情说:"对不起,哥,我错了,你饶恕我这一次吧。"

"看你认罪态度不错,这次就放过你吧。"

时至今日,每当我看到福泽谕吉写的回忆录里的这段话时,一直都觉得这张纸出现得太蹊跷了,以至于都怀疑是不是他哥事先写好了然后放在福泽谕吉的必经之路上以便坑他。

虽说是道了歉,但小谕吉的心里连一丝一毫的悔意都没有,相反还特别不爽地觉得,自己只不过是踩了藩主的名字,又没踩他的脑袋,你那么激动干啥呀?

小谕吉越想越气，然后就萌发了一个非常大不敬的念头：你不让踩，哼，我就是要踩！不但要踩藩主的，连神明的名字我都要踩！

当然，虽说在气头上，但小朋友的头脑还是非常清醒的：不能被人看到，要偷偷地干活。

打那以后，小谕吉就经常拿着写好了藩主名字的纸，跑到一个角落里，回头看看四周无人之后，一顿猛踩，再到后来，他觉得踩藩主的名字不过瘾，于是又在纸上写满了神的名字，什么天照大神、如来佛祖、孙悟空、猪八戒之类的，然后死命地踩。踩完之后，小谕吉发现，自己本身没有发生任何变化，和之前一样，该吃饭吃饭，该睡觉睡觉，啥都没发生，于是他起了更强烈的恶搞心：把写有神明大人和藩主大人名字的纸张拿到厕所里去踩吧。

当然，即便当小谕吉拿了这些纸擦完了屁股，都没有发生什么不太好的事情。

他很高兴，但同时也并不满足，总想着下一步再干一点别的什么好。想来想去，一拍脑袋有了：上了年纪的老人家总是教育我说不要触犯神灵不然会遭报应，那下星期我就去神社瞧瞧，看看那里是不是真的供奉着什么神仙妖怪，若真有，就抓住打一顿或者踩一顿，看看会不会真的有啥报应。

结果小谕吉真的跑到家边上的稻荷神社去了。稻荷神社就是祈求丰收的神社。在那里，他没找到神也没碰到仙，倒是在神社正中的房间里看到了一个供奉着象征神社之神类似于佛龛的小盒子，外面还有一扇小门，让人看不到里面放的到底是什么。小谕吉一不做二不休地把那扇小门给打开，发现其实放着的是一只狐狸石像，日本人叫狐仙。他想了想，把那只狐狸给拿了出来，然后到外面去捡了块石头放了进去，再把小门关好，放回原处，拍拍屁股走人了。

195

那只倒霉的狐仙，估计被丢臭水沟了。

之后的几天里，神社跟以前一样，天天有人来参拜，只不过没人知道，他们参拜的已经不再是原先的那个神通广大的狐仙大人，而只是一块小孩子捡来的破石头。

"嘿嘿嘿，那群人真傻，对着个石头又磕头又供酒的。"小谕吉躲在一旁抿嘴偷笑。自然，和他之前在厕所里踩纸片儿一样，干完了之后没有遭到任何报应。

从此之后他得出了一个结论："神像也好，神牌位也好，都不过是单纯的石头和木头罢了。藩主的姓名写在纸上，那也就是一张写了字的纸而已，跟草纸没啥两样。"

不仅对神明，就算是对忠孝仁义这些东西，他也觉得是狗屁不如，所谓的亲戚长辈主君，就跟写在纸上的那个奥平大膳大夫一样虚无渺茫，踩一脚，也就趴地上了。

大概在十四五岁的时候，福泽谕吉终于有了读书的机会，之前因为家里太穷所以一直没送他去。虽然谕吉本人是抱着一种"不读书就不知道人世间的险恶"的心情来到了学校，可天性聪明的他还是很快就展露了才华，正当别的同学尚且整日抱着普通教材死啃却依然不得要领的时候，他却已经开始念起了高深难懂的汉学经典。

很快，谕吉就觉得那些儒家汉诗已经不能再满足自己的求知欲了，应该要把眼光开得更阔一点，放得更远一些，比如去学学兰学，搞搞西洋人的玩意儿什么的。19岁的时候，他来到长崎，学习荷兰语和炮术。经人介绍之后，去了一个叫山本物次郎的著名炮术家家里当学生，对于福泽谕吉，山本老师是相当满意的，曾经一度还想收他做养子，不过因为谕吉的大哥身体一直很差，随时都有归天的可能，到时候谕吉如果成了别人家的儿子的话，那福泽家估计就得绝后了。所以这个提议最终没能实现。

在山本家待了一年之后，因为福泽谕吉的介绍人奥平一岐守跟他的本家，也就是中津藩藩主奥平家的关系恶化，双方搞起了明争暗斗，但奥平一岐守毕竟是分家，势单力薄，人手紧缺，不管是朝堂之争还是拉出去群架，他都明显感到力不从心。不得已，奥平一岐守让人去了趟长崎，叫福泽谕吉回国，好歹也是兰学者，脑子肯定聪明，这节骨眼上多一个帮手就多一份力量。可万万没想到的是，当年福泽谕吉出了中津藩就没打算过要在学成之前再回中津藩，所以他婉言拒绝了奥平一岐守的请求，而对方倒也不为难他，还跟他说："如果你真的要学兰学的话，就应该去江户，那里有不少人开了专门的兰学学校，非常不错，该去看看。"

就这样，福泽谕吉先来到大阪，打算经由那里再去江户。到了大阪之后，出于象征性的礼节，他先去拜访了自己的哥哥，也就是当年骂他踩写藩主名字纸片的那位。

哥哥福泽三之助继承了父亲百助的职业，在大阪的藏屋敷当了一名仓管。对于弟弟的到访，他显得很吃惊，因为在印象里，福泽谕吉应该一直在长崎才对。

当天晚上，兄弟两人坐在一起喝酒，几杯下肚，三之助想起来还没问过弟弟干吗到这里来了。

"你怎么会来这大阪了？"

"我路过的。要去江户。"

"江户？你去江户干吗？"

"我要去江户学兰学啊，长崎待不下去了，奥平一岐守要我回藩，我又不想回去，他便让我去江户游历一下。"

三之助看了看自己的弟弟，缓缓地说道："这一路上，吃了不少苦吧？"

福泽谕吉点了点头。确实，他从长崎到大阪这一路上走得并不轻松，因为盘缠带得不够，所以常常要露宿野外，好几次还碰到了劫道的，幸好山贼发现这小子不但比自己更穷，而且还是个外出游学的书生，动了恻隐之心，算是放他过去了。

"你要知道，从大阪去江户，这一路上不会比你从长崎来大阪轻松的。你有这个觉悟吗？"

"我有这个觉悟。"

"只是为了学你那所谓的兰学？"三之助看了弟弟一眼。

"对，我是为了学兰学。"福泽谕吉很认真地说道。

哥哥笑了："那就留在这里吧，一样能学的。大阪有一个叫绪方洪庵的，开了个叫适塾的兰学校，那儿可是不会输给任何在江户的学校的。"

福泽谕吉很疑惑地看着自己的哥哥，仿佛在问，你为啥要留我在大阪？我去江户不去江户，都跟你没啥关系不是？

"你是我弟弟，留在大阪，我也好照顾着你一点。"

福泽谕吉看着眼前的哥哥很久之后，低下头去："那就听你的吧。"

在福泽三之助的帮助下，福泽谕吉进入了适塾。

然后绪方洪庵是当时日本屈指可数的西医医生，所以适塾这个学校，其实等于是个以教西洋医学为主，顺带再教一点西洋学说的学校，里面的学生基本都是有点医学基础的，或者就干脆是医生。

这是日本幕末历史上最伟大的学校。

可能很多人觉得日本幕末最厉害的学校叫吉田塾，就是吉田松阴开的那家松阴门下，但其实不是，松阴门下之所以出名，是因为明治维新后出生于长州藩的高官很多都是这家学校出来的，伊藤博文，山县有朋，桂小五郎，都是同学校友，还有没活到明治维新的高杉晋作，也是那里出来的。

但问题是如果一个学校它只能出领导干部，那并不能说明学校有多伟大，充其量只能说明同学之间关系不错。

说实话所谓松阴门下，培养出来的除了当官的就是当兵的，几乎没有出过什么从事服务全人类事业的学生。

但适塾不一样，从那里走出来的政治家很少，它虽然是一家医学院，但有名的校友基本都不是医生。

我们这里简单介绍几个。

毕业生之一大村益次郎，这个你已经知道了——因为理论学习成绩非常好，可一旦上了手术台，立马翻车，经他动手的病人，就没几个能活的。治死了几个人之后，发现自己可能不擅长救人，于是干脆改行当兵，这下算是找到天职了，几乎是战无不胜。

还有一个叫高松凌云的，之前也介绍过。跟福泽谕吉是一起的同学，主攻医学，技术非常精湛，特别是临床诊疗方面要比大村益次郎不知道好多少倍。而且这人心地异常善良，他在戊辰战争期间曾经跟随榎本武扬去北海道，担虾夷任共和国军医院院长，可不管是共和国的伤兵，还是被俘的明治政府政府军伤员，他都一视同仁共同救治，所以战败之后，无论是新政府中的哪位高官，都没一个提议要杀他或者关他，而高松凌云之后就在东京开了个医院，对于贫困家庭的病患一律实行医疗费用全免，明治十二年（1879年），他又创立了日本第一个针对贫民病患的免费诊疗协会，取名为同爱社，这个组织在存在期间，总共免费医治的病患有70万人以上。

另一名毕业生佐野常民，是一个很出色的医生没错，但总觉想拿手术刀跟武士刀比一比看谁更厉害，后来去了一趟外国，大受启发，回日本搞了一个组织，叫日本红十字会。

说起来，当年适塾里还有一个学生叫手冢良仙，这个人家里也是世代传医，读书的时候跟福泽谕吉关系很好，他有一个曾孙，学医学了一半儿跑去画漫画了。

没错,就是日本的漫画之神手冢治虫。

手冢治虫即便在业界封神之后,也从不吝于指点晚辈后生。曾有两个年轻的漫画家,天赋极好但由于初到东京闯荡而囊中羞涩。为了能让他们安心画漫画,手冢治虫默默地帮他们付了很久的房租。

这两个年轻人一个叫藤本弘,一个叫安孙子素雄,他们的组合名叫藤子不二雄。

没错,前者就是画《哆啦A梦》的那位。

安政三年(1856年),一直身体不好的哥哥三之助病逝,因为福泽谕吉是次子,所以他继承了家业,并且一度中断在适塾的学业回到了老家中津藩主持哥哥的后事。如不出意外,作为下级藩士的谕吉,要么就是继承兄业,去大阪将仓管事业进行到底,要么就是连仓管都干不上,回到中津藩做个门番,也就是看门的,不管干哪样,福泽谕吉都是打心眼里不愿意的,而且,一旦做了仓管或者门卫,至今为止学到的那些知识,全都再也派不上用处了,他将跟他爹一样,空有满腹学识而卑微地度过一生。

福泽谕吉不甘心就这么过上一辈子,他想在适塾里继续他的学业。当然,周围自然是反对声一片,上到亲戚下到朋友,无一不对这种做法感到不靠谱,大家纷纷写信的写信,亲自上门的亲自上门,以求让福泽谕吉放弃自己的想法,老老实实地继承哥哥的家业。

就在这事儿几乎成了定局,眼看一代名校庆应大学从此要在历史上消失,开创人福泽谕吉即将变成一名光荣的门卫或者仓管的时候,救世主出现了。

一天晚上,福泽谕吉的母亲於顺将自己的儿子叫到了跟前:"其实你很想回大阪继续读书的吧?"

"是的,母亲大人。"

"嗯,那就去吧,男孩子的话,就应该要贯彻自己的志向。学费什么的,我会帮你想办法的。"

福泽谕吉的心灵第一次发生了动摇,自己曾经坚信这个世界上是不存在所谓的忠孝仁义,不存在所谓的亲情温暖,但是从他哥哥到他母亲,无不用实际的行动在告诉他:血,是浓于水的。

难道是我错了?福泽谕吉不断地问着自己。

不急,这种认知很快就会被一个人彻底地给打破。

於顺将福泽百助留下的所有中国古代藏书以及家中的家具之类统统变卖,总算是凑足了学费,而此时奥平一岐守又再度冒了出来,帮他上下通路子,搞来了一个中津藩藩属翻译的头衔,主要工作是翻译西洋造城技术书籍,好让福泽谕吉挂名外派前去适塾进修,不然的话,藩士是不能随随便便离开自己家乡的。

再度回到学校的福泽谕吉拼了命地开始学习,很快他的成绩就达到了全校第一,绪方洪庵对此感到非常高兴,便让他担任了塾头,用今天的话来讲就是班长或者年级级长。当年大村益次郎也干过这个,福泽谕吉是第十代塾头,而他是第六代。

或许是读书过于拼命,福泽谕吉病倒了,他得了肠结核。一时间茶水不能进,人言不能语,每天躺在床上不知天地万物,几乎就是昏迷状态了。绪方洪庵见状也不上课了,说孩子们这两天你们就自修吧。然后亲自上阵,给福泽谕吉望闻问切起来。

经过数日苦战,福泽谕吉终于被从死亡线上给拉了回来,当他睁开眼睛,迷迷糊糊地就看到自己的老师绪方洪庵在跟什么人行礼道谢,嘴里也没闲着,一个劲儿地说:"先生,这次实在是麻烦您了,要不是您妙手回春,后果实在是不堪设想哪。"

当时他觉得很奇怪:欸?难道不是老师给我治的这个病吗?怎

么又冒出来一个先生?

接着,谕吉又听到对方说:"绪方先生您太客气了,不过……这种病虽说棘手,但以先生您的本领来看,却也不是什么不治之症……为何这次会让在下前来给高足治病呢?"

话说到这里福泽谕吉基本算是知道了个大概:自己得了重病,倒下了,然后自己的老师请来了医生给自己看病,现在病看好了,在跟医生道谢顺便付个医药费啥的。

不过疑问同时也就出来了:绪方洪庵是当时的兰学大家,同时也是著名的医生,为什么他不给自己的学生看病而要去找别人?这不是嫌麻烦不嫌麻烦的问题,而是事关自己的招牌,要知道,同行之间是冤家,你请个冤家来帮忙,只有一个原因:你自己不行。就好像某著名炊事班长说的那句话一样:"让炊事班出去叫外卖?我丢不起那个人!"

难道,自己的老师其实只是样子好看,没有真本事吗?

"您也是医生,应该明白的吧?"正当福泽谕吉百思不得其解的时候,绪方洪庵开口说话了,"我下不了这个手用药啊。"

对方那个医生肃然起敬:"不愧是绪方先生,师道中的楷模啊。"

看到这里可能有一些人不明白,所以我做一下解释说明,虽说同行是冤家,打死不能找来帮忙,但作为医生,在特定的情况下,通常都会找其他医生来看病,那就是自己子女生病的时候。

因为俗话说是药三分毒,在给自己小孩子看病时,往往会考虑到各种药物的毒性从而投鼠忌器,迟迟不敢下方子,生怕手一抖多放了几克药就断送了自家孩子的性命,可要一直这么迟疑下去也不是办法,毕竟病情不等人,你还在犹豫来犹豫去,病人估计就得先送命了。所以,每当医生的小孩子得了什么重病,往往都是让别的医生来看，这样下药诊断都不会有什么顾忌。

换句话讲，绪方洪庵俨然把福泽谕吉当作了自己的孩子，为了他甚至可以无视大阪第一医术学校适塾的招牌。

因为，自己是这家伙的老师。

福泽谕吉突然觉得眼眶很湿润。从那时起，他明白了，所谓忠孝仁义亲情温暖，并不是虚无渺茫的东西，它们存在于每个人的心中，现在，自己清晰地感觉到了。

如果以后我做了老师，一定要做跟绪方先生一样的老师。

安政五年（1858年），黑船来航，那位奥平一岐守再度出场，亲自来到了大阪找到了福泽谕吉，对他说："眼下的情况你也知道，国家需要大量的兰学人才，你么又已经学得差不多了，也别继续在这里磨蹭了，去江户吧，开一个兰学学校，主要招我们藩的年轻人，教他们兰学。"

福泽谕吉想了想，表示同意。

在离开适塾的时候，绪方洪庵亲自前来相送，分别时，他对自己的学生说道："传授兰学本身倒不是什么苦差事，但老师这个职业，做起来可是要比为人父母更辛苦的。现在你真的决定了要走这条路，那就一定要做一个将学生视如自己孩子的老师。"

"嗯，我知道了，老师。"说完，福泽谕吉踏上了去江户的道路。

到达目的地后，学校的地方已经选好，校舍也是现成的：中津藩驻江户藩邸的一部分。于是福泽谕吉就开始做起了老师，教的科目是兰学。

老师的日子过得不错，尽管福泽谕吉非常认真，用了十二分的精力在教他的学生们，但总觉得自己的身上，或者说自己的教学上似乎漏了些什么，具体的东西他也说不清，仅仅是一种感觉罢了。

然后有一天，奥平一岐守出来对福泽谕吉说，外国人在横滨搞了个居住地,你是学兰学的,要不去考察考察?

福泽谕吉觉得不入虎穴焉得虎子,于是便答应了。

横滨当时算是外国人的聚集地,不但有外国的人,还有外国的商店和各种娱乐设施,非常繁华热闹。不过,当福泽谕吉来到横滨街头的时候,他傻了眼了。

因为谕吉发现,自己站在这人来人往的马路上,如同一个文盲,别人说的话他听不懂,书店里卖的报纸杂志看读不明白,最可悲的是,就连店铺门口挂的那些个招牌,他都不晓得是什么意思。一种悲伤感顿起,想想自己好歹学了那么多年兰学,这么精通荷兰语,结果跑到横滨连人家店里是卖馄饨还是卖饺子的都闹不明白,真不知道自己那么多年的外语学了有什么用。

随行陪同人员是一个在外国领事馆工作的日本人,看福泽谕吉一副伤心欲绝且带有自杀倾向的样子,连忙告诉他说,你看不懂很正常,因为你会的是荷兰语,而这上面写的是英语,两种根本就不是一个玩意儿。

福泽谕吉一惊,忙问,他们怎么用英语?

那位在领事馆打工的哥们儿说,你不知道吗?荷兰虽说是让我们日本学了好几百年的西洋知识,可现如今他们在世界上的地位早就不咋地啦,说句难听点的话,当年在拿破仑的铁蹄面前,荷兰的处境还不如现在的日本呢。

福泽谕吉又一惊,心想莫非现在世界上最流行的是英语不成?

对方很快就肯定了他的疑问,并且还表示,说英语的几乎都是强国,比如被誉为日不落帝国的英国,打开日本国门的美国,而在这横滨,几乎住的都是英语国家的人,用英语也就不足为奇了。

看着福泽谕吉若有所思的样子,那人最后又补充了一句:"福泽大人,我敢打包票,在不久之后,这个世界上最流行的,一定是英语。"

　　我查了很多资料都没查到这位预言帝究竟姓甚名谁,不过这种对于其他国家的预见性眼光,当时很多日本人身上都具备那么一两分,比如伊东甲子太郎也说过类似的话,在当时幕府倚靠法国,全民学法语的时候,他敏锐地指出说,米国语才是今后的主流。米国就是美国的日语说法。

　　那天,福泽谕吉回到家之后,下定决心抛弃掌握了很多年的荷兰语改而学习英语,并且找到了当时日本的英语达人中浜万次郎为师。刻苦学习了一年半载之后,他基本上达到了准达人的水平,然后被幕府给看上了,派人说,你想不想去美国?福泽谕吉说我想,幕府来的那人说好,你准备准备,这就要上路了。

　　万延元年(1860年),福泽谕吉随幕府外交团乘咸临丸渡过了太平洋去美国考察访问,在那次访问中,后来日本的很多大人物都随行其中,像胜海舟以及等下我们就会说到的小栗忠顺等等。

　　因为绝大多数人都没有渡洋的经验,所以大家都晕船了,一直在船舱里吐个不停。第一个倒下的是考察队队长木村摄津守,之后就是以副队长自居的胜海舟。这副队长是自封的,因为他是幕府的直臣,虽说小栗忠顺也是而且地位要比胜海舟高很多,不过人家为人老实,从来不搞争权夺位。

　　看着胜海舟一副上吐下泻的样子,同样也被颠得脸色苍白的福泽谕吉斜眼瞄着对方然后说道:"明明就是一副晕船鬼的样子,你跩个毛啊。"

　　为人本来就不怎么大度且以毒舌著称的胜海舟当场就有一种朝着福泽谕吉呕吐的欲望。

　　到了美国之后众人擦了擦嘴,开始了考察访问。他们的导游是一个当地人,一边带他们四处参观一边跟他们说起了美国的历史,其中自然包括了美国第一代总统乔治·华盛顿的丰功伟绩。听着听着福泽谕吉突然问道："请问,这华盛顿公的子孙现在情况如何了?"

导游想了想,说道:"这个么……我也不知道啊。"

后来,福泽谕吉回忆说:"当时我就觉得很受震撼,在日本,几乎没人不知道德川家康的子孙,可是在美国,华盛顿的子孙却几乎没人知道。我想这就是两国之间的差距吧。"

在访问美国之后没多久,福泽谕吉又想到了自己的父亲福泽百助,其实百助是个非常有名的汉学家,但就因为地位低出身不好,所以一直得不到重用,最终郁郁而终。

最后,他得出了一个结论:"封建门阀制度是日本前进的最大障碍。"

这个结论是相当精辟的,但有一点顺便得说一下,华盛顿似乎因为身体原因从而没有自己的亲生孩子,所以也就没有自己的子孙了。

在美国访问的时候,福泽谕吉特地还去了一趟书店,淘回来一本叫作《华英通语》的中英字典,凭着他厚实的汉学基础和英语知识,愣是将其整编改订成了一本《增订华英通语》之后出版发行,这是他出的第一本书。

回国之后,福泽谕吉继续在江户打理学校,将原本以荷兰语为第一外语的教学方针彻底做了修改,变成了大家一起学英语,同时,他也出任了类似于幕府官方翻译的职务,帮助整理各种荷兰语和英语的材料。

文久二年(1862年),福泽谕吉再奉幕府之命跟队去了欧洲考察。这一次比上次去美国在时间和金钱方面都要宽裕了不少,使得他能够好好地观察西洋列强的国度。结果是非常震惊的。按照福泽谕吉自己的话来说就是：如果看书，看一辈子都不明白，可现在身在欧洲，一下子全都能感受到了。这其中包括了欧洲的医院，银行，征兵制度，选举制度和邮政制度等等。这次访问带给福泽谕吉的唯一感受就是：必须要在日本普及西洋学说，倒不是说要让大家人人学英语，个个考四级，但也绝对不是像以前那样，什么会几句外语，知道外国有火车瓦斯灯的就算是兰学家了，而是要全国人民的生活方式和思想方式都从原来的那些封建等级意识，儒家等级思想中脱离出来，变换成西洋的思维方式，换句话说，福泽谕吉要引进的，不是西洋的坚船利炮，而是洋人的制度，洋人的生活思维方式，其实这也就是之前榎本武扬对土方岁三说过的，只不过榎本武扬是自己明白，而福泽谕吉是想让所有人都明白。

这是一种在日本非常重要的思想的雏形，后来被叫作脱亚入欧，我们之后会说。

庆应二年（1866年），福泽谕吉出版了《西洋事情》的第一部共计3册，之后的几年里他又分别出了番外篇3册和第二部2册。

这套书对于日本来讲有着跨时代的意义。

在此之前，日本人如果想要系统地了解外国的事情，除了一些零星散碎的书刊文章，主要是依靠我们中国的魏源写的那本《海国图志》，之前也讲过，这书当时在日本卖得脱了销。但很快，日本人发现，这玩意儿渐渐地就变得不那么好用了。

原因很简单，第一，魏源并没有去过外国，他的书纯粹就是初级入门级别的科普类，并且也只是根据林则徐的《四洲志》加工而成，而林大人的那本东西则完全就是道听途说得来的，他是自己组成了个翻译小组，类似于我们今天看动画片的字幕组，然后弄来了国外的书籍和报纸汇编而成，要说真实性实用性，肯定不如亲自踏上外国考察之后再写出来的东西强；第二，《海国图志》成书于1842年,二十多年来世界变化日新月异,而书的内容是一成不变的,如果要想了解最新最真的外国行情,要想拿着这本《海国图志》来个以不变应万变是不可能的。

就在这种老经典拿在手上舍不得丢可又已经没了啥多大实用价值的鸡肋时刻,《西洋事情》横空上市,这本书从欧洲各国的政治,经济,文化,教育以及科技等方面入手逐一详细介绍,值得一提的是,福泽谕吉在书中并非一味地只是介绍说明,还经常会夹杂一些自己对于西方文明以及如何建设今后日本的看法,比如在第一部里,他就提出了自己原创的"文明政治的六个条件",也就是说只要达成这六条,便是文明国家。它们分别是:

1. 对于自由的尊重。
2. 宗教自由。
3. 科学技术的导入。
4. 学校教育的扩大。
5. 法治主义。
6. 国民福利的充实。

顺便一说,这"自由"二字,原来日本是从中国进口过来的,在两国的意思都一样,指的是随便,想干啥就干啥,带有"自由放任"的意味,而福泽谕吉则根据英语的 liberty 赋予了它新的含义:人在自己所拥有的领域自主追求自己设定目标的权利。这后者,最终在清末民初时又被我们中国人给引进回了中国,当你现在在说到人身自由信仰自由之类的词汇的时候,请自行起立怀念一下我们敬爱的福泽谕吉老爷爷。当然,如果你不愿意想他也可以,那就想想一万日元如何?

《西洋事情》上市之后,立刻遭到了疯狂抢购,一时间日本洛阳纸贵短短几个月就销售了 34 万册,比当年的《海国图志》更厉害。当时在那些自诩兰学者或者是开明爱国人士中，据说最流行的街头问候是：

"今天，你看《西洋事情》了吗？"

"哇，到现在你都没看过《西洋事情》啊，你out（过时）了！"

不得不说，这要换了几年前，估计福泽谕吉书还没卖出去人就被尊攘派给天诛了，现如今好在有了新选组，把搞天诛的人给反天诛了，从而为宣传西洋知识扫清了道路。

《西洋事情》的叫好又叫座，着实让福泽谕吉赚了一大笔钱，但他却并未因此而发财，原因是这笔钱都被用在了那所兰学塾的几个贫困学生身上了。

要说每个学校都有几个这种学生，福泽谕吉他们自然也不例外，对于这类学生，谕吉往往是不但免除其学费，甚至在生活上面也给予经济援助。这样一来钱常常就不够用了，于是他便自己去接来自于幕府或者民间的各种翻译资料，以此赚取一点翻译费。

后来有的学生看不下去了，对他说，老师，这个资料我们来翻译吧，您就别受累了。

福泽谕吉正色道："你们来学校是学习的，不是为老师赚钱的。"

多年以来，离开适塾的时候，绪方洪庵对他说的话，他一直都记在心里。

虽说福泽谕吉这个人的很多思想很多行为我个人都是不赞同的，但不得不承认，他是一个伟大的老师，真正配得上老师这个称号的人。

之后，福泽谕吉又去了香港，新加坡，巴黎和伦敦等欧亚各国及地区公干，在游历和考察中，他敏锐地察觉到，随着幕府和倒幕势力矛盾的日益激化，战争几乎就在眼前，不管最终是谁赢，对于日本来讲，都既是一场劫难，也是一次新生，而新生的国家最需要的，就是人才。

所以他决定在这次回国之后，尽量地减少参与幕府的政治外交活动，一心开好学校。

庆应四年（1868年）四月，兰学塾被改名为庆应义塾，后来这所学校又改了名，就是今天的日本庆应大学。

这个时候，戊辰战争已经爆发，而4、5两月又正是彰义队在江户闹腾得最欢的时刻，经常是课堂里的课上着上着，外面就开始了打枪开炮杀人放火，渐渐地就弄得人心惶惶，学生们生怕哪天好好地坐课堂里上课突然这屋顶就被人给轰塌了。

在一天上完课之后，福泽谕吉却并没有马上离去，而是继续站在了讲台前，示意大家也等会儿回家，自己有话要说。

清了清嗓子之后，他开了口："你们知道吗？从前在法国皇帝拿破仑吞并欧洲各国的时候，荷兰的形势一度岌岌可危，如风中残烛一般，不但本国领土不保，就连在海外的殖民地都几乎被人给占了个一干二净，当年风光无比的荷兰帝国，一度连容他们升一杆国旗的地方都没了。然而，就算是这样，这个世界上照常会有一个地方，每天升起一面荷兰的国旗，那就是我们日本的出岛，不管拿破仑的铁蹄如何厉害，出岛的荷兰国旗永远飘扬不落。"

学生们并不知道他说这段话的意思是什么。

"现在，我也知道，外面乱得很，天天都会发生这样那样的事情，但我还是想说，希望你们能够坚持下来，因为只要有我们这个学校的存在，就意味着这个国家学习西洋文明的路没有被截断。不管外面发生什么骚乱变动，这个国家的西学命脉绝都不会断，因为，我们就是日本西洋学的出岛！"

说完,福泽谕吉平静地宣布下课,然后缓步走出教室。

从此,就算外面炮火连天,庆应塾里却不会出现一个因此不来上课的学生。

战争结束之后,福泽谕吉的生活也没甚太大改变,还是继续当他的老师教书育人,顺便再写两本著作。

明治九年(1876年)十一月二十五日,福泽谕吉的《荐学》第十七部,也是最终篇正式出版发行。

这书从庆应四年(1868年)就开始写了,一写就是近十年。在第一部的开头,福泽谕吉写道:万物由天生,人类亦如此,然则天从未有生过天生的人上人,也从未生过天生的人下人,既然都由天生,那么万物都是平等的。

这种轻快的语调以及浅显易懂且容易深入人心的道理很快就受到了广大日本人的欢迎,这套书的销售量一下子就飙升到了20万册,同时也有很多被当时的中小学选入了教材。算上盗版的话,基本上一百个日本人里就有一个人拥有一本《荐学》。

在该书中,福泽谕吉阐述了人民大众应该独立,自主,解放,自由,平等的主张,并对于一些持续了很久且依然在日本很有市场的封建陋习进行了深刻的批判。尽管言辞尖锐,但关于书名他却并不打算用什么很强势的词语。因为在他看来,教育虽说不是什么放任自由的事情,但也谈不上强制,为教育者只能对受教育者进行谆谆教诲,所以,为了表明他是"推荐""劝说"别人去学习,接受自己看法的这种观点,这本书的名字最终被定为《荐学》。

因为篇幅问题,所以我们实在没可能把这17本书一本本讲下来,所以就挑其中的一些主要的简单说一说吧。

贯穿这部书全篇的,除了平等之外,还有一个词,那就是独立。

福泽谕吉这一辈子，把独立看得很重，不管是国家的独立还是作为国民的个人独立，他都觉得是一件特别重要的事情。比如在书中，他就明确指出，一个人只有独立了，才有可能去修身，治家，平天下，而作为一个国家来说，如果它的国民们各个都能独立，那么这个国家必定是独立富强的。

　　在关于学问这个话题中，尽管福泽谕吉依然有着自己的看法，但还是没有脱离"独立"二字，比如在提到做学问的目的的时候，他就明确表示，做学问的目的不是为了成为知识分子，而是利用这个学到知识促使国家的独立，只有这样，学问才能发挥自己真正的作用。而对于维新之初日本出现的一些盲目全盘西化的提倡以及趋势做法，福泽谕吉也指出：学习西方绝对不能是一味地单纯模仿，而是要能够在他们的基础上进行独立创新，这样于国于民才有好处。

　　这套书存在的一个最大的意义应该说就是"开民智"，一大批看了《劝学》的日本人记住了自由，民权等词汇，同时也因之前说过，他的文章进了小学的课本，所以也给广大的日本青少年留下了深刻的印象，这帮人带着这样的印象，走出了校门，走出了社会并且以此来改造社会，改造制度。

　　差不多也就是在这个时候，明治政府决定，尽快立宪，让自己成为和列强一样的宪政帝国。

　　对此，福泽谕吉在明治十二年（1879年）的时候专门再出了一本新书《民情一新》，主要是说日本今后政治应该走向哪个方向的。在书中，福泽表示，日本应该向外国学习，在平稳的过渡中，渐渐地把政权给下放给民间的政党，其中，他又特别提到了英国的两党轮流执政，并且表示，这应该是日本宪政学习的对象，由两个党互相交替，给民众有选择的空间。

　　现在看看日本的自民党和民主党，再想想福泽谕吉的这话，就会觉得这家伙真有先见之明。

但先见之明归先见之明,尽管福泽谕吉和他的众学生为了让明治政府接受自己的想法而费尽精力,但最终却依然以失败而告终。

当时的日本政府希望的是以一种相对集权而非自由的方式来强化统治国家,同时,天皇的位置也一定不能像英国皇帝那样只有其名而无其实,所以对于福泽谕吉等人的意见,自然不可能采纳了。

明治二十二年(1889年),日本颁布了历史上的第一部宪法——《大日本帝国宪法》,这是一部开头就明确表示天皇是神而不是人,将其完全置于三权之顶的宪法,可以说,和福泽谕吉的观点基本相悖。

要是在往常,估计这家伙即便是考虑到天皇这一层因素而不出来骂大街,可那也至少得在某个阴暗的角落恨恨地毒舌几句,但这次却啥也没发生,福泽谕吉对于宪法之事几乎没有什么表态,因为他在这十来年里很忙,非常忙。

主要忙两个方面:第一是关心朝鲜动态;第二是继续办学校。

在19世纪80年代,朝鲜面临着与中国日本一样的问题,既有国内本身的各种动乱,也有国外势力的不断入侵。

中日两国的解决办法都是通过改革来解决内外双方的矛盾,中国以洋务运动取得了被誉为同治中兴的成绩,而日本更是通过明治维新在几十年后成为了列强的一员。

虽说洋务运动确实是因甲午战争而宣告全面失败,但其给中国带来的有益影响和本身的价值却是无法否认的。

而另一方面,朝鲜在面临内忧外患的时候,选择的依然是之前那一成不变的保守和顽固,既不愿意和列强做过深的交往,也不愿意向他们学习长处以改善自己,同时,对于国内的各种反对声音,也是一再地以简单粗暴的方法加以镇压。

虽然朝鲜国内也有相当开明的要求开国的明白人，但问题是这帮孩子手头上没家伙，除了跑大街上喊几声口号之外别无他法，其最终下场是要么不再喊，要么政府让你再也喊不了，几乎没有第三条。

在这样的情况下，一些朝鲜人开始将目光投向了日本，因为比起中国，日本的处境和朝鲜更为相似，毕竟大家都是蕞尔小国，毕竟大家的资源都不怎么丰富，但日本依靠维新，国力不断增加，这帮人觉得，如果朝鲜想要有出路，那唯一的办法就是以日本为蓝本，对国家实行强制化改革，打倒保守派。

问题是保守派没那么好打，他们需要帮助，最好是需要日本人的帮助，比如给点武器给点钱什么的。

对此很多日本人都表示赞成，这其中就有福泽谕吉，他不仅撰文表示日本作为东亚的一员，有责任也有义务帮助朝鲜走上富强的道路，同时还和朝鲜方面的一些反政府开明人士来往频繁，比如被誉为朝鲜开明派的代表人物金玉均。

明治十四年（1881年）三月六日，福泽谕吉和金玉均会面，共商大事，在会见时，金玉均表示，他"拜托福泽老师为朝鲜的强国之路而出一把力"，福泽老师点头同意。

明治十五年（1885年）七月二十三日，福泽谕吉从横滨正金银行弄来了17万日元，交到了金玉均手里，作为他的"活动经费"。这笔钱后来主要是用在了开办朝鲜历史上第一份报纸《汉城旬报》上。

金玉均被暗杀后，日本朝野震动很大，尤其是福泽谕吉，他撰文称，在西洋文明如同麻疹一般四处蔓延的当今时代，日本何其不幸居然摊上了中国和朝鲜这两个拼命阻挡文明开化的"恶友"，若是再跟这帮家伙继续交往下去,估计西方列强都会把日本看作中朝两国一样的顽固不化的国家,所以,为了国家的前途着想,日本应该脱离和中国以及朝鲜的关系,不过,也不能就此将他们抛弃不管,应该要在适时的时候,拉这俩倒霉孩子一把,帮助他们走上文明开化的道路。

不过,帮归帮,但从此以后日本的国家定位则必须要是与西方列强在一条船上,换言之,别把自己当亚洲国家,得当成是欧洲的。

这就是那个著名的"脱亚入欧"论的简单概要。

对于这个理论我在此不做过多的评论,就说一点,虽说我确实不喜欢这种跑人家家里帮助人家致富的行为,但作为政治家,一个日本的政治家,福泽谕吉首先要考虑的自然是日本的"利益",帮助邻国闹革命说白了就是想在革命成功之后在其他国家获取最大的外交和贸易优惠而已,那年头任由哪个国家几乎都是这么干的,你真要说下流无耻那也只能是全帝国主义的下流无耻,别老拿一个手指头指着日本或是福泽谕吉说事儿,要知道袁世凯奉命征讨朝鲜也不是为了中朝两国人民友谊的万古长青,清政府只是不愿意把好不容易跟了自己千把年的小弟给弄丢了而已,毕竟谁都明白,朝鲜一旦有失,那泱泱中华的东北门户可就豁然大开了啊。

甲申政变失败之后,福泽谕吉虽说在日清战争,也就是甲午战争爆发的时候有过一小下的关注,顺便还捐了一点钱,但除此之外,便基本上再也不管这类的破事儿了,而是一心投入到了教育工作之中。

明治二十二年(1889年),《庆应义塾规约》制定,这是庆应大学第一部校规。

第二年,福泽谕吉在庆应大学设置了文学,理财和法律三个专业。

之后，他又设立了传染病研究所，并聘请了日本当时最著名的医学家北里柴三郎来担任所长。同时，福泽谕吉还将家乡中津的名胜竞秀峰给买了下来，用于保护其周边的生态环境。

明治三十一年（1898年）五月，在福泽校长的主导下，庆应大学实行了学制改革，从原本单单一所大学变成了有小学也有中学的一贯制学校，并且还增加了政治专业。

9月26日，正在琢磨着接下来该干些啥的福泽谕吉突然倒地不起。幸得抢救及时而留了一条性命。

倒地的原因是突发性脑溢血，脑溢血的原因是操劳过度。

操劳指的是两方面，一方面是大脑方面，刚才已经提过，做各种各样的改革是很费脑子的；另一方面则是体力上的。

常人或许根本很难想象，这个被誉为日本近代教育之父的家伙，同时也是个居合切的高手，居合切就是拔刀术，之前说浪客剑心的时候已经说过，福泽谕吉每天都要练习剑道，通常一天拔刀一千次。

这种过度的练习直接影响到了他的身体健康，虽然在脑溢血之后经过医生苦劝稍微有了收敛，但病根子终究还是留下了。

两年后（1900年）的八月，他再度因脑溢血复发而倒地，然后再次被抢救了过来。这次醒来之后，福泽谕吉明白，自己时日已经不多了，于是在病床上，他完成了自己最后的著作——《修身要领》。

著作中总共有二十九条话，核心内容是独立自尊。

身心完全独立，尊重自己，不侮辱他人，这便是真正意义上的独立自尊。

只有个人独立了，才会有家庭的独立，家庭的独立之后，才能有全国国民的独立，唯有全国国民有了充分的独立自尊，那么这个国家才能被称之为是一个独立自主的国家。

以上，便是《修身要领》的主要内容。

这一年12月31日，拖着病体的福泽谕吉带着自己的学生通宵举行了日本史上第一次迎接20世纪的新世纪派对。

这不是为了热闹和好玩，而是因为在当时的日本，虽然学习西方导入了新历法，也就是阳历，可在年号的计算上，大多数日本人还是习惯用明治几几年或是皇纪多少多少年（即从神武天皇登位算起的年号），为了能够更好地普及西方的历法和公元年度计算法，他才特地举办了这么一场活动。

三个多星期后的1月25日，福泽谕吉脑溢血又发，这次，他再也没有起来。

2月3日晚上10点50分，一代教育家与世长辞，享年66岁。

2月7日，平日里为个鸡毛蒜皮之类的破事儿都能打起来的日本众议院破天荒地全场一致通过决议：在全国范围内哀悼福泽谕吉。

2月8日，葬礼。

本来以他的功绩，混个国葬绝对没有问题，事实上也已经有人在这么提议了，但最终葬礼的规格却只是仅限于家人和学生范围的"塾葬"。

没有人觉得有任何地方的不妥，也没有人认为这是降低了福泽谕吉的身份。

因为，他是一个老师。

就在福泽谕吉病逝的第二年，一位年轻的中国学生来到了日本学习医学，并受到了自己的指导老师颇多的关照。

老师姓藤野，代代都是医生，他的父亲老藤野也曾经在绪方洪庵的适塾里念过书。

没错，那个老师就是藤野严九郎，那个中国学生就是后来也弃医从了文的鲁迅。

后来的鲁迅，也和他的藤野先生一样，尽力地帮助照顾着那些初出茅庐的文艺青年。

学医或许能救人，但是能够救国的，必然是文教。关于这一点，中日两国的认知其实是一样的，真的是一衣带水，一脉相传。

适塾那一承师脉，到底还是传了下来。

而我们的故事，说到这里就算结束了。

1900年代，无论对中国还是日本而言，都是一个至关重要的时代。

日本的明治维新已然初见成效，但绝不意味着万事大吉，因为从这场维新的一开始，日本人就给自己挖了一个巨大的坑，万丈深渊正在后面等着呢。

中国虽然历经百废，但是否能兴，在当时绝大多数人的脑海中，仍旧是个问题。

在历史的十字路口，不管国家也好个人也罢，每一次有意无意的选择或转向，都有可能成为改变历史的一股飓风。

是往前走，还是往后退？这是一个问题。